지은이 나가타 가즈히로
세포생물학을 전공한 과학자이자 시인. 1947년 시가현에서
태어나 1971년 교토대학 이학부 물리학과를 졸업했다. 과학자로서
모리나가유업중앙연구소, 미국국립암연구소, 교토대학
흉부질환연구소, 재생의과학연구소를 거쳐 자수 포장(학문·예술에
유공한 자에게 주는 훈장)과 한스 노이라트(Hans Neurath) 과학상을
수상했고, 시인으로서 궁중 우타카이하지메(歌会始, 연초에 일본
천황 등이 단가를 낭송하는 행사) 단가 선정위원, 『아사히신문』
가단(歌壇) 선정위원을 맡고 있다. 현재는 교토대학 명예교수이자
교토산업대학 단백질 동태 연구소 소장으로 활동 중이다.
『세포생물학』, 『단백질의 일생』 등 여러 권의 책을 썼다.

옮긴이 구수영
고려대학교 법학과를 졸업하고 현재 일본어 전문번역가로
활동 중이다. 『그리고 아무도 죽지 않았다』, 『미치지 않고서야』,
『괴물 나무꾼』, 『만 권의 기억 데이터에서 너에게 어울리는
딱 한권을 추천해줄게』, 『사원 제로, 혼자 시작하겠습니다』 등을
번역했다.

단
단
한

지
식

단단한 지식

새로운 공부의 세계로 나아가는 사람을 위한 지의 체력 단련법

나가타 가즈히로 지음

구수영 옮김

한국의 독자들에게
정답이 없음을 가르치는 교육

『단단한 지식』이 한국에서 번역 출간된다니 기쁘고 감사합니다. 이 책은 일본의 대학생 독자를 생각하며 썼지만, 책에서 다룬 문제의식은 한국의 대학 교육과 젊은 세대의 생활방식을 고민하는 이들에게도 충분히 받아들여지리라 생각합니다.

　고등학교까지의 교육 현장에서 무엇보다 중요한 것은 '지식'의 전달이지요. 선생은 지식을 어떻게 전달할지, 학생은 그것을 어떻게 자신의 것으로 만들지에 대해 모든 열정을 쏟습니다. 그야말로 '학습'과 '수학', 즉 '배우고 익히는 일', '수양하며 배우는 것'이 교육의 중심입니다. 하지만 대학생이 된 후 대학 교육도 이와 마찬가지 감각으로 생각해서는 곤란합니다. 고등학교까지 선생이 문제를 내고 학생이 그것을 풀면, 거기에는 '답'이 있습니다. 올바른 하나의 정답이 존재하지요.

정답이 없는 문제는 있을 수 없고 자신이 정답을 모르더라도 누군가는 알고 있습니다. 그것이 고등학교까지의 '문제'입니다.

그러나 이 같은 생각과 전제가 대학에 입학한 학생에게 그대로 이어져서는 곤란합니다. 사실 사회에는 올바른 답이 있는 문제가 거의 없고, 정답을 아는 인간이 아무도 없는 상황이 압도적으로 많습니다. 누군가 가르쳐 준 것에만 집중하고 배운 지식에 따라서만 행동하는 학생이 사회에 나선다면 그 사회의 취약성은 미루어 짐작할 필요도 없을 겁니다.

저는 자연과학, 인문사회과학을 불문하고 대학에서는 '아직 모르는 것'을 가르치는 것이 교육의 중심이 되어야 한다고 생각합니다. 널리 알려진 것을 아는 것도 중요하지만, 그 너머에 '아직 모르는 것'이 있다는 사실을 깨우쳐 주고 이에 대해 스스로 생각하게 하는 것이 대학 교육의 근본이 되어야 합니다. 공자는 "배우기만 하고 스스로 사색하지 않으면 학문이 체계가 없고, 사색만 하고 배우지 않으면 오류나 독단에 빠질 위험이 있다"學而不思則罔, 思而不學則殆고 했습니다. 배우고 생각하는 것, 즉 되묻는 것이야말로 '학문'의 본질입니다. 그런 '학문'을 대학에서 몸에 익히기를 바랍니다.

2018년 5월에 출간된 이 책은 2년 만에 17쇄 이상 발행하며 우리 예상을 뛰어넘어 아주 많은 독자에게 사랑받았습니다. 여러 대학교와 고등학교의 입학시험에 인용되어 출제된 것은 저로서도 전혀 생각지 못한 일이었지요. '시험 성적은 개인의 진정한 능력을 가늠하는 척도가 될 수 없다'는 이 책의 내용이 시험 문제로 출제된 것은 아이러니하지만, 출제자도 시험이라는 것의 본질을 생각하며 문제를 냈으리라 믿습니다. 나아가 젊은 세대 뿐 아니라 젊은 시절에 공부란 무엇인가, 학문이란 무엇인가를 스스로 생각할 기회를 충분히 얻지 못했던 장년과 노년 세대 독자에게도 좋은 반응을 얻었습니다. 저의 작은 문제제기가 이렇게나 많은 독자에게 전해졌다는 점에 감사함을 느낍니다.

한국어판 출간을 통해 이런 저의 마음이 한국의 독자들에게도 가닿기를 바랍니다.

2020년 12월, 나가타 가즈히로

한국의 독자들에게   9

I   **지의 체력이란 무엇인가**

1   답이 없는 것을 전제로   17

2   모든 것은 질문에서 시작한다   28

3   예상외를 극복하는 '지의 체력'을 키우자   46

4   독서가 왜 필요한가   60

5   활용되어야만 '지식'은 의미를 갖는다   79

6   '나'는 세계와 연결되어 있다   91

II   **자신의 가능성을 스스로 잘라 내지 않는다**

1   실패 경험이야말로 중요하다   109

2   다양성이야말로 가치가 있다   116

3   선생을 동경하다   127

4   대학에 질을 요구하지 마라   144

5   부모가 자식의 자립을 막고 있다   156

6   가치관의 차이를 소중히   165

7   자기 자신을 평가하지 않는다   178

III 사고의 발판을 어떻게 만들까

1 서로 다른 두 가지 일을 동시에 하는 의미   193

2 모두가 오른쪽을 바라본다면 한 번쯤은
    왼쪽을 바라보자   204

3 메일과 문자의 공과 죄   215

4 계속해서 듣다   227

5 '빛나는 자신'을 만나기 위해   241

나오는 말   247

一

지의 체력이란
무엇인가

1

답이 없는 것을
전제로

대학을 고등학교와 분리해야 한다

나는 오랜 기간 대학에서 학생을 가르쳐 왔다. 하지만 교수라고 자칭하기는 조금 부끄럽다. 왜냐하면 예전 근무지였던 교토대학에서는 교육 자체에 그다지 관여하지 못했기 때문이다. 처음에는 흉부질환연구소, 이후에는 재생의과학연구소라는 대학 부속 연구소에서 연구를 주로 담당했다. 말하자면 인생의 대부분을 연구자로서 보낸 셈이다.

교토대학에서 정년을 맞이하기 얼마 전, 같은 교토에 있는 사립대학인 교토산업대학에서 새로 생명과학부를 만든다며 나를 초빙했다. 그렇게 학부장 자리로 옮기게 되었지만, 지금 생각해 보면 당시에는 정말 부끄러울 정도로 교육에 무지했다.

교토대학에 있을 때도 해에 몇 번은 세포생물학 강의를 했고, 대학원 특별 강의 등도 분담하고 있었다. 하지만 교육 시스템 자체에 관여할 기회는 거의 없었다. 이제 와서 고백하지만, '실러버스'라는 단어가 무슨 뜻인지조차 전혀 알지 못했다. 수업 내용이나 계획을 적은 '강의 요강'을 의미한다는 것을 알게 된 건 학부장으로 취임하고 나서도 한참 후였다. 학점이 어떻게 정해지는지도 거의 알지 못했다.

그렇기에 반대로 교육자로서 신입생에게 말을 건네거나 강의를 하는 경험은 무척이나 신선했다. 지금까지 생각해 보지 않았던 다양한 것에 관해 새삼 생각할 기회를 얻었다.

그중 가장 의외였던 것은 대학에 들어온 신입생에게서 대학에 들어왔다는 자각 혹은 '고등학생'에서 '대학생'이 되었다는 자각이 거의 느껴지지 않는다는 점이다.

약 50년 전, 내가 교토대학에 입학했을 때 당시 총장이었던 오쿠다 아즈마 교수의 입학식 축사를 듣고 간담이 서늘해진 기억이 있다. 오쿠다 총장은 "교토대학은 여러분에게 아무것도 가르쳐 드리지 않습니다"라고 선언했다. 그 뒤로 어떤 얘기가 이어졌는지는 거의 잊어버렸지만, "여러분이 스스로 구하고자 하지 않으면 대학에서는 아무것도 얻을 수 없습니다" 같은 식으로 전개되지 않았을까.

대학은 나에게 아무것도 가르쳐 주지 않는다. 그 한마디에 충격을 받았다. 지금까지 하나하나 친절하게 선생에게 배워 온 고등학교까지의 교육과는 완전히 다른 세계에 지금 내가 발을 들여놓은 것이다. 이 사실은 마음이 떨릴 정도로 나에게 흥분을 안겼고, 감동이 느껴지기까지 했다.

다들 고등학교와 대학이 자연스러운 연계 과정처럼 이어지기를 바란다. 이 때문에 고등학교에서 배운 것을 대학에서 복습하는 교육을 추진하고 있다. 고등학교와 대학 사이의 공백을 없애고, 고등학교에서 대학으로 원활하게 옮겨 갈 수 있기를 바라는 것이다.

하지만 우선 고등학교와 대학은 완전히 다른 세계라는 선언에서부터 대학 교육을 시작해야 한다. 고등학교와 대학을 원활하게 연결하는 것이 아니라, 오히려 의도적으로 단절시켜야 한다.

정답은 하나뿐인가

나도 고등학교 때는 무척 열심히 공부했다. 학원에도 다녔고 모의고사 성적도 꽤 좋았다. 하지만 내가 무엇을 위해 공부하는지 깊게 생각해 본 적이 없었다. 눈앞에 입학시험이라는 목표가 있었기 때문이다. 공부는 시험에서 좋은 점수를 따기 위한 것이라고만 생각했고, 그것에 관해 별다른 의문이 없었다.

공부에는 시험이 따라온다. 공부의 성과는 시험 점수로 측정된다. 열심히 공부한 이상 좋은 점수를 따고 싶다. 그를 위해서는 올바른 답을 찾아야만 한다.

하지만 이 '올바른 답'이라는 것이 꽤 수상쩍다. 여기에는 일단 '올바른 답'이 있다는 전제가 깔려 있다. 이미 준비된 답이 있고, 누가 풀더라도 그 하나의 답에 도달할 수 있게끔 만들어져 있다. 시험이란 그런 것이다.

고등학교까지의 수업이나 시험에서는 'A군의 답과 B군의 답이 서로 다르지만 둘 다 옳은 경우'는 있을 수 없다. 입학시험에서 정답이 두 개 있거나 답이 없는 문제가 출제되면 엄청난 사태가 벌어진다. 입학시험 출제 담당자가 고개를 숙이고 사죄하는 일도 흔하다.

　실제로 나도 입학시험 문제를 출제한 적이 있다. 그때 내가 가장 주의를 기울여 몇 번이고 검토한 것은 문제의 질이 좋은지 나쁜지가 아니었다. 그보다는 답이 정말로 하나뿐인지, 혹시라도 두 개의 정답이 있지는 않은지 혹은 애초에 답이 없지는 않은지를 중점적으로 검토했다.

　나는 만사에 대충대충인 성격이기에 만약 수험생이 정답이 없다는 것을 깨닫고 지적한다면 그것만으로도 합격을 줄 법하지 않을까 생각한다. 하지만 현실은 '정답은 하나'라는 대전제를 여러 검토위원의 확인을 거치면서까지 제대로 지키고 있다. 그렇게까지 해도 가끔 정답이 없다거나 두 개 있다거나 해서 기자회견이 벌어지기도 하지만 말이다.

답이 없는 문제

답은 분명히 '있다'. 그것이 초중등 교육에서 말하는 '문제'의 대전제다. 그리고 교사는 그 답을 알고 있다. 어떻게 하면 우리도 그 올바른 답에 도달할 수 있을까. 교사가 아는 답과 자신의 답이 일치하면 정답이고 다르면 오답이다. 그것이 입학시험을 포함해 고등학교까지의 시험 문제였다.

그런데 생각해 보면 이것은 무서운 일이 아닐까. 왜냐하면 초등학교에서 고등학교까지 누구나 다 '문제에는 반드시 답이 있다'를 전제로 삼고, '정답은 반드시 하나다'라고 믿어 왔기 때문이다. 교사도 답이 두 개나 세 개가 있는 문제는 피하고자 노력했을 테고, 마찬가지로 답이 없는 문제를 냈을 리도 없다.

어딘가에 정답이 있고 그 정답을 내가 알지 못할 뿐 누군가(아마도 누군가 대단한 사람)는 알고 있으리라 굳게 믿는다. 그리고 그런 사고방식에 사로잡힌 채 대학에서도 같은 자세로 교육을 받고 사회로 나간다. 그런 사회인만 늘어난다고 생각하면 무섭기 그지없다.

고등학교까지의 교육에서는 어쩔 수 없는 측면이 있다. 하지만 실제 사회에서는 그렇게 답이 있는 '문제'란 존재하지 않는다.

사전의 '문제' 항목에는 다섯 가지 의미가 적혀 있다. ① 해답을 요구하는 물음. ② 논쟁, 논의, 연구 따위의 대상이 되는 것. ③ 해결하기 어렵거나 난처한 대상, 또는 그런 일. ④ 귀찮은 일이나 말썽. ⑤ 어떤 사물과 관련되는 일.

그중에서 답이 있는 것은 ①뿐이다. 그리고 실제 사회에서 만나게 되는 ②에서 ⑤까지의 문제는 모두 답이 존재하지 않는다. 혹은 해답이나 정답을 전제로 하지 않는다.

예를 들어 오키나와에 미군 기지가 집중되어 있는 '문제'를 생각해 보자. 일본 전 국토에서 불과 0.6퍼센트의 땅만 차지하는 오키나와현에 전국에 존재하는 미군 기지의 70퍼센트가 집중되어 있다. 일본인 중에 이것을 그대로 방치해도 좋다고 생각하는 사람은 거의 없다. 하지만 그 해결법을 찾지 못한 채 계속 방치하고 있는 것이 바로 오키나와 문제의 본질이다.

누구나 이건 옳지 않다고 생각한다. 하지만 자신이 사는 지역으로 옮겨도 좋다고는 아무도 생각지 않는다. 일본이 미군 기지 없이 안전 보장 측면에서 잘해 나갈 수 있는가라는 보다 본질적인 문제는 차치하고, 같은 국민인 이상 공평하게 부담해야 한다는 일종의 '정답'조차 여기서는 방치된 채다.

이 같은 문제는 누구에게 물어도 결코 같은 정답이 나오지 않는다. 또한 단순히 정답을 구하는 작업만으로는 절대 해결할 수 없다. 우리는 그런 사회에 살고 있고, 젊은이들은 대학을 나오면 그런 사회에서 살아가지 않으면 안 된다.

정석으로는 대응할 수 없다

그뿐 아니라 수학이나 물리학 같은 복잡한 문제의 경우, 참고서에서는 대부분 모범 답안을 통해 올바른 답을 끌어내는 과정과 방식 자체를 알려 준다. 그야말로 친절하고 상냥한 가르침이자 효율적인 학습에 필요한 것임은 분명하다. 하지만 사실 여기에도 큰 문제가 있다. 즉 사고방식 자체, 생각하는 이치 자체가 획일화되어 버리는 것이다. 어떤 풀이법으로 문제를 풀어야 정답이 나오는지 문제의 해법을 생각하게 하는 것이 아니라, 이미 배워 온 해법 가운데 어떤 것에 끼워 맞추면 좋은지 묻는 경우가 압도적으로 많다.

이른바 정석에 끼워 맞추는 것이다. 수험 공부를 할 때 많은 문제를 반복해서 풀어 보는 이유는 이 정석에 어떻게 적용할지에 관한 기술을 연마하기 위해서다. 바둑의 경우 정석을 얼마나 많이 아는지가 승리의 관건이 된다. 이와 마찬가지로 수험 공부나 입학시험 또한 대부분은 정석을 얼마나 많이 기억하는지에 달려 있다고 해도 과언이 아니다.

이는 수험 공부를 할 때는 어쩔 수 없는 일이다. 실제로 풀이법을 하나하나 생각해서는 모든 문제를 시간 내에 도저히 풀 수 없다. 정석에 끼워 맞추듯 정석대로 바둑알을 놓아야 한다. 그렇게 해야 불필요하게 시간을 낭비하지 않을 수 있다.

하지만 바둑에서 실제로 상대방과 대결할 때는 그야말로 정석에 끼워 맞출 수 없는 상황에서 승부가 결정된다. 누구나 상대방이 정석대로만 대응하면 함정에 빠지는 수를 생각하기 때문이다. 정석을 몰라도 지지만, 정석대로 둬도 지는 일이 실제 승부에서는 자주 벌어진다. 대학을 졸업하자마자 맞닥뜨리는 사회 문제 중에는 이처럼 정석으로는 대응할 수 없는 문제가 많다.

어떻게 스스로 생각하면 좋을까

문제에는 하나의 답만 있다고 생각하도록 가르치는 교육과 절대적인 답이란 없는 실제 사회 사이에는 버퍼(완충지대)가 필요하다. 대학의 중대한 역할 중 하나는 고등학교까지의 교육과 실제 사회 사이의 버퍼가 되는 것이다. 고등학교를 졸업하고 곧바로 사회에 나서는 사람도 많기에 실은 고등학교에도 그런 역할이 필요하다고 생각하지만, 적어도 대학은 그런 역할을 반드시 담당해야 한다.

지금까지 배워 온 풀이법이나 대처법으로는 대응할 수 없는 문제를 만났을 때 어떤 식으로 스스로 생각하면 좋을지, 어떤 식으로 해법을 모색할 수 있을지 연습할 시간이 필요하다. 실제 사회에 나서면 그것은 기다려 주지 않는 눈앞에 닥친 문제가 된다.

물음은 있지만 정답이 없는, 지금까지 경험한 적 없는 상태를 견뎌 내는 지성. 답이 없다는 것을 전제로 어떻게든 나름대로 답을 찾아보려는 의지. 그것을 키워 주는 것이 대학의 책무다. 누군가에게 물으면 반드시 답이 있고 답을 구할 수 있다는 의존성에서 벗어나야 한다.

　대학의 질이 보증되어야 한다는 의견이 많다. 이때의 질이란 얼마만큼의 정보를 학생에게 채워 주는지가 아니라 사회에는 답이 있는 문제가 없다는 사실을 얼마나 확실히 인식시켜 주는지에 달렸다.

　나는 신입생을 처음 만나면 대학에 입학했으니 지금까지 받아 온 교육을 일단 다 지워 버리라고 말한다. 디폴트 상태로 초기화하라고 바꿔 말해도 좋다. 꽤 난폭한 말이지만, 대학 교육은 고등학교까지의 교육과 근본적이고 본질적으로 다르지 않으면 안 된다. 어떤 식으로 달라야 하는지는 앞으로 더 자세히 살펴보도록 하겠다.

2

모든 것은
질문에서 시작한다

내가 크게 폭발할 때

나는 스스로 온화한 선생이라고 생각하지만, 수년 전까지는 1년에 한 번 정도 크게 폭발할 때가 있었다. 주로 연구실의 미팅 자리에서였다. 책상을 두드리며 "이렇게 할 바에는 그만둬 버려!"라고 소리쳤다. 연구실의 분위기가 순식간에 얼어붙는 것을 화를 내는 나조차 알 수 있었다. 대개는 내가 곧장 연구실을 나가 버리기 때문에 그 후에 어떻게 되는지는 잘 알지 못하지만 말이다.

　나는 어떤 때에 불같이 화를 냈을까. 언제나 질문이 나오지 않을 때였다. 성과 발표(프로그레스 리포트라고 한다) 자리에서 발표에 대한 질문이 적으면 참기 어려워진다. 질문하지 않을 거라면 이곳에 와서 발표를 들을 필요가 없다고 생각한다.

우리 연구실에서는 한 달에 두 번 정도 프로그레스 리포트 시간을 갖는다. 프로그레스 리포트Progress Report, 줄여서 PR이란 일정 기간 이루어진 실험에 대한 보고와 거기에서 얻은 데이터 해석, 성과를 평가하는 자리다.

한 번에 두 명의 발표자가 발표를 한다. 지금 우리 연구실에는 네 명의 그룹 리더가 있고, 각각 자기 그룹의 연구를 직접 지도한다. 이른바 중간관리자다. 그 밑에 박사와 석사 과정 대학원생 그리고 졸업 연구를 위해 연구실에 배속된 학부생이 있으며, 총 스무 명 정도로 구성되어 있다. 교토대학에 있을 때와 비교하면 꽤 작은 규모다. 각자 평균 석 달에 한 번 정도 프로그레스 리포트 발표 순서가 돌아온다고 보면 될까.

자기 차례가 돌아오면 꽤 바빠진다. 석 달간 실시한 연구 성과를 연구실 전원에게 보고해야 한다. 같은 연구실에서 몇 번이고 반복한 이야기이기에 아예 모르는 내용은 아닐 테지만, 새롭게 나온 데이터를 어떤 식으로 소개하면 모두가 잘 이해할지 궁리하는 것은 좀처럼 쉽지 않다.

더군다나 우리 연구실에서는 가령 외국에서 온 유학생이 없는 경우에도 발표와 토론, 질문은 원칙적으로 영어로 하도록 되어 있다. 자연과학 분야에서는 논문이건 학회건 국내의 것만으로 충분한 시대가 아니다. 전세계를 기본으로 생각하지 않으면 연구의 최전선에서 먹고 남은 찌꺼기만 먹게 된다. 성과에 대한 논의 또한 영어가 아니면 통하지 않는다. 따라서 데이터를 정리하거나 발표 연습을 하는 데 꼬박 하루 이틀 정도는 준비가 필요할 것이다.

프레젠테이션을 할 때의 마음가짐

기본적으로 일본인은 프레젠테이션을 거북해한다. 자신이 새롭게 발견한 것에 관해 흥분하지 않고 담담히 말한다. 그 담담한 어투에서 연구자의 양심과 성실함이 드러난다. 나아가 성과를 과장하는 것은 학자의 긍지에 어긋난다고 생각하는 연구자가 많다.

나도 전에는 그렇게 생각했기에 발표용 슬라이드를 아무런 맛도 느껴지지 않게 만들곤 했다. 세포 사진이나 생화학적 수치만 단순히 늘어놓고 설명하기도 했다. 그것이 멋진 발표라고 생각했다.

하지만 조금만 생각해 보면 이건 어떤 의미에서는 극히 불손한 태도이기도 하다. 애초에 이 같은 성과 발표는 자신의 데이터에 관해 다양한 사람으로부터 비판이나 의견, 가르침을 얻기 위해 하는 것이다. 듣는 사람이 그 배경을 알고 관심을 갖는 것이 전제되어야 하므로, 이를 위한 준비를 게을리하면 무엇을 위한 발표인지 알 수 없게 된다.

독자 혹은 청중이 자신과 같은 수준이라고 믿어도 안 될뿐더러 같은 수준이어야 한다고 생각해서도 안 된다. 그들이 내 말을 자신의 시간을 써 가며 들어 준다는 겸허함에서 멀어져서는 안 된다. 알아들을 수 있는 사람만 알아들으면 되고, 무리해서 모두가 알아들을 필요는 없다는 오만한 생각은 버려야 한다.

국제 학회에 자주 초대받게 된 후로 외국 학자의 다양한 발표를 접하면서 점차 이런 식으로 연구 발표에 대한 내 사고방식이 바뀌었다. 외국 학자들은 보통 연구 배경을 설명하는 도입 부분의 슬라이드를 충실히 만들어 발표한다. 우선 자신의 연구가 그 분야에서 차지하는 위치를 명확히 설명한 후 새롭게 얻은 데이터에 관한 설명으로 넘어간다. 그 설명 또한 매우 친절하며, 그 분야의 전문가가 아니어도 쉽게 이해할 수 있게끔 도식이 포함된 경우가 많다.

일본의 연륜 있는 학자가 보기에는 이렇게 초보자도 알 수 있을 정도로 친절하게 도식을 넣은 구성은 청중에게 아양을 떠는 것처럼 비칠지도 모른다. 하지만 생각해 보면 세계에는 단일민족국가가 극히 드물다. 다민족이 거주하는 국가가 압도적으로 많다. 아무것도 설명하지 않아도 자연스레 알아줄 것이라는 전제는 통용되지 않는다.

너무도 당연한 이야기지만 나와 여러분은 다르다. 하지만 자신이 아는 것은 다른 사람도 비슷한 정도로 알 것이라는 일방적인 양해 혹은 고정관념을 다들 어느 정도 갖고 있는 것도 사실이다. 이런 것은 새삼 말로 하지 않아도 당연히 알리라 생각한다.

이심전심의 공과 죄

'이심전심'以心傳心이라는 말은 그런 심성의 한 부분을

단적으로 표현해 준다. 내가 무슨 생각을 하는지 굳이 말하지 않아도 상대방이 알아줄 것이라고 믿는다.

하지만 다민족으로 구성된 국가의 경우 쉽사리 그렇게 되지 않는다. 기본적으로 '나와 남이 서 있는 위치는 애초에 완전히 다르다'라는 점에서 모든 것이 시작된다. 달리 말해 '내가 생각하는 것을 남은 이해하지 못할 것이다'라는 전제가 깔려 있는 것이다. 물론 극단적으로는 언어가 다르기에 충분한 이해가 불가능하다는 점도 원인이 될 수 있다. 하지만 더욱 본질적으로는 각각이 지닌 문화의 차이, 나아가 문화가 역사라는 시간 속에서 풍겨 온 향기의 차이에 기인한다고 보는 것이 옳다.

그렇기에 외국 학자들은 '여러분은 나에 관해 아무것도 모른다'라는 전제로 설명을 시작한다. 친절하고 알기 쉽게 설명하지 않으면 안 된다고 믿는다.

그것은 청중도 마찬가지다. 원래부터 너와 나는 다르기에 내가 이해하지 못해도 그건 내 책임이 아니라는 인식에서 논의가 시작된다. 따라서 아무리 사소한 것이라도 이해가 안 되면 질문을 던지고, 그 행위가 이야기하는 사람의 기분을 상하게 하리라고는 전혀 생각하지 않는다. 마치 자신이 이해하지 못하는 것은 상대방의 잘못이라는 투의 질문도 자주 나올 정도다.

하지만 알지 못하는 것에 관해 계속 질문하며 그 인식의 차이를 수정하는 태도는 자신에게 문제가 있어 알지 못하는 것이기에 설령 이해가 안 되더라도 상대방의 발표를 존중해 그저 가만히 들으며 모든 것을 받아들이고자 노력하는 겸손한 태도와는 다르다. 그리고 당연히 질문을 통해 인식, 감각, 축적된 지식량의 차이를 메워 나가는 쪽이 더 큰 의미를 갖는다는 것은 두말할 필요도 없다.

능동적으로 듣기

누군가의 성과 발표를 들을 때는 그것이 자신과 관련된 일이라고 생각해야 한다. 그렇지 않으면 그 자리 자체가 무의미해진다. 나라면 이렇게 생각해 볼 것이라거나 이렇게 해 볼 것이라고 마치 내 일처럼 생각해야 한다. 다른 사람의 발표를 그저 가만히 듣고만 있어서는 안 된다.

연구자는 누구든 본인의 일(연구)이 재미있고 큰

의미를 지닌다고 생각한다. 자신이 재미있는 연구를 한다고 믿기에 어떤 의미에서는 매우 힘든 연구자라는 직업에 종사할 수 있다. 연구는 어렵고, 연구자는 하드워커가 틀림없다.

자신의 연구를 재미있다고 생각하지 않으면 연구자로서 살아갈 수 없지만, 반대로 자신의 연구에서만 재미를 찾는 것은 연구자로서 부끄러운 일이다. 연구자로서의 적성이 부족한 것이다.

자신의 연구가 재미있다고 느끼는 만큼 다른 사람의 연구도 재미있다고 느낄 수 있는지가 연구자로서의 적성을 판단하는 기준이 될 수 있다. 아무리 좋은 데이터를 만들어 내는 사람이라도 다른 사람의 데이터를 자신의 연구와 비슷한 정도의 열량으로 재미있다고 여기지 못한다면 분명 연구자로 적합하지 않다. 나아가 학자로서도 실격이라 할 것이다.

이것이 가장 단적으로 드러나는 예가 연구 발표 때 던지는 질문의 양이다. 발표자의 데이터를 자신의 것이라고 생각하면 자연스레 다양한 디테일이 알고 싶어진다. 발표 도중에 나온 모호한 내용에 관해 묻지 않는다면 자신의 데이터처럼 생각하기란 불가능하다. 또한 그렇게 해야 발표자의 결론에 대해서도 나라면 이렇게 생각할 것이라며 다른 해석을 내놓을 수 있다.

공부를 위해 발표 내용을 듣는 것이라면 질문하지 않고 그저 메모하고 정보를 수집하는 것으로 족할지 모른다. 하지만 나라면 이런 아이디어로 실험할 것이다, 결과를 이렇게 해석해 보겠다, 명확한 결론을 짓기에는 이 부분에 부족함이 있다, 다음에 이런 실험을 계획하면 보다 확실한 결론에 도달할 수 있을지 모른다 등등 발표 내용을 자신의 것이라고 생각하기 시작하면 자연스레 묻고 싶은 것이 차례로 나온다.

나는 이것을 '능동적으로 듣기'라고 말한다. 다른 사람의 이야기는 능동적으로 들어야만 몸에 익힐 수 있다. 들은 이야기를 단순히 기억하거나 흡수하려고만 하면 그 지식은 결코 자신의 것이 될 수 없다.

'능동적으로 듣기'라는 것은 들은 내용을 자신이 지금까지 쌓아 온 지식 체계 속에 자리매김하는 행위다. 그렇게 자리매김하려면 이야기를 들으면서 계속 자신의 지식 체계를 확인하고 둘을 대조하는 작업이 동반되어야 한다. 외부에서 인풋된 내용과 기존에 자신이 보유한 지식 사이에 알력이 생기는 것은 당연하고, 그

알력이야말로 질문을 촉발하는 원동력이 된다.

질문은 발표자에게 시사점을 던져 줄 뿐만 아니라 발표된 새로운 지식을 자기 안에 받아들여 지식의 전개를 도모하고 새로운 지식 체계를 획득하게 해 준다.

내가 연구실에서 이 같은 연구 발표 자리를 많이 만드는 이유는 발표 내용을 자신의 것처럼 생각하는 훈련, 자신이라면 어떻게 생각하고 어떻게 행동할지 고민하는 사고방식을 훈련시키기 위해서다. 이러한 훈련 때문이 아니라면 다른 사람의 연구 발표를 듣는 의미가 없으며, 그런 자리에서 질문을 던지지 않는다면 그 자리에 참석할 필요가 없다.

나는 질문하지 않는 것은 아무것도 듣지 않는 것과 마찬가지라고 계속해서 강조해 왔다. 덕분에 우리 연구실 멤버들은 다양한 학회에 참석해 활발히 질문을 던지며, 나는 그런 장면을 보면서 흐뭇해하곤 한다.

선생도 거짓말을 한다

선생이 친절해졌다. 너무 친절한 건 아닌가 싶을 정도다. 하지만 친절한 선생이 반드시 좋은 선생은 아니다.

오해를 사기는 싫으니, 적어도 대학교수의 경우에 한해서라고 덧붙여 둔다.

대학생이 되어도 강의실 분위기는 고등학교 때와 그다지 달라지지 않은 것처럼 보인다. 선생은 교과서의 내용을 적확하게 요약해 알기 쉽게 그림을 곁들여 정성껏 가르친다. 모두 열심히 노트에 옮겨 적으며, 잠을 자는 학생도 일부 있지만 그 외에는 잡담도 하지 않고 수업을 열심히 듣는다. 그리고 강의가 끝나면 서둘러 다음 강의실로 이동한다.

정말로 이대로 좋은 걸까. 학생은 그저 선생이 말하는 것을 교과서를 읽는 것과 비슷한 감각으로 듣고 있는 것은 아닐까. 마치 선생의 말은 틀릴 리 없다고 굳게 믿는 것만 같다.

나는 새 학년이 시작될 때면 "제가 말하는 것이 모두 옳다고 단언할 수는 없으니, 그런 생각을 가지고 질문해 주세요"라고 말한다. 하지만 학생들은 선생이 거짓말을 한다거나 올바르지 않은 말을 하리라고는 도저히 생각하지 못하는 듯하다.

그것도 무리는 아니다. 고등학교 때까지는 언제나 선생의 말을 잘 들어야 한다고 가르쳐 왔기 때문이다.

물론 고등학생 정도 되면 선생의 인격 자체를 전면적으로 신뢰하는 경우는 많지 않을 것이다. 하지만 적어도 수업에서 배우는 내용은 모두 올바르다는 전제로 이야기를 들을 것이다.

가끔 강의가 끝날 때쯤 "자, 오늘 제가 말한 내용에는 거짓말이 하나 있습니다. 다음 시간까지 어디가 잘못되었는지 생각해 오세요"라고 말해 학생들을 놀라게 한다. 내 강의는 세포생물학이나 단백질제어학 같은 것이라 자세한 내용을 말하기는 어렵지만, 지금까지 쌓아온 지식과 비교해 보면 당연히 이상하다고 생각할 법한 것을 누구도 질문하지 않고 노트에 받아 적는다. 그런 모습을 보면 화가 치민다. 물론 이렇게 말하면 많은 학생이 어디가 잘못되었는지 어렵지 않게 답을 찾아낸다. 하지만 말하지 않으면 이상하다고 생각하면서도 잘못된 부분까지 그냥 외우려고 들 것이다.

사람의 세포 수는 60조 개가 아니었다

그렇게 일부러 심술궂게 굴 때도 있지만, 나를 포함해 우리 교수 모두가 놀란 세계적인 착각도 있었다.

우리 인체는 무수히 많은 세포로 구성되어 있다. 그 수가 상식처럼 여겨져 누군가에게 물어보면 곧장 60조 개라는 답이 나올 때도 많다.

하지만 아니었다. 2013년에 사실상 사람의 세포는 60조 개가 아니라는 논문이 나와 전 세계를 놀라게 했다. 논문에 따르면 실제 세포 수는 37조 개라고 한다. 이 발표를 듣고 흥분을 금할 수 없었다.

물론 사람의 세포 수를 실제로 하나하나 전부 세어 볼 수는 없다. 그렇다면 처음에 어떻게 60조 개라는 수가 나온 걸까. 예를 들어 사람의 평균 체중을 세포 하나의 무게로 나눈다거나, 사람의 전체 부피를 세포 하나의 부피로 나누는 방식을 이용했다. 즉 극히 어설픈 방식으로 계산한 숫자였다.

달리 방법이 없으니 이런 방법을 쓸 수밖에 없었다. 하지만 그 후 이 숫자가 여기저기 쓰이거나 말해지면서 상식처럼 여겨지게 되었다. 근거가 모호한 사실도 반복해서 말해지는 도중에 점점 진실이 된다. 그렇게 만들어진 상식이 많다.

2013년에 발표된 논문의 저자는 눈물겹도록 성실하게 신체 각 부분과 조직의 세포 수를 세어 보았다. 과거 100년 이상에 걸쳐 보고된 전 세계의 논문을 검토하고, 그중에서 확실히 세포 수를 산정할 수 있는 조직을 골라 조직마다의 세포 수를 구한 후 그 숫자를 더해 사람의 세포 수를 파악한 것이다. 물론 여기에도 빠진 부분은 있을 테고, 이 숫자가 후에 변동될 가능성이 있다고 저자 스스로도 말하고 있지만, 적어도 60조 개라고 여겨지던 기존의 수보다는 과학적으로 진실에 가깝다고 할 수 있다.

이렇게 새로운 숫자를 얻은 것 자체에도 물론 감동했다. 하지만 이 논문이 어떤 의미를 지니는지 생각하면 더욱 감동하지 않을 수 없다. 60조가 37조가 되었다고 해서 과연 누가 이득을 볼까. 이것으로 이익을 얻는 사람이 있긴 할까. 도움이 되거나 이득을 얻는다는 관점에서 볼 때 이 논문은 아무런 쓸모도 없다. 이것으로 실질적인 이익을 얻는 회사는 없을 것이다. 이렇게 어떤 의미에서는 아무런 도움도 되지 않는 연구를 매우 성실하게 몇 년에 걸쳐 해 온 팀이 있다. 그 사실에 감격했다.

최근의 사회 통념상 과학은 사회에 도움이 되어야 한다는 믿음이 널리 퍼져 있다. 세금을 사용한 연구니까 무언가 사회에 도움이 되어야만 가치가 있다고 생각한다. 언론이나 정부는 물론, 무엇보다 사회 전체가 그렇게 기울어져 있다. 더불어 연구비 등을 배분할 때도 사회에 도움이 되는 연구인지 아닌지가 주요한 판단 기준이 된다.

하지만 사회에 도움이 되는 응용 연구는 어디까지나 기초 연구라는 기반 위에서 이루어질 수 있다. 그저 당장 눈앞에 닥친 문제의 해결만 요구하는 연구는 장기적인 안목으로 봤을 때 결국 사회에 제대로 공헌하지 못한다는 점을 지금까지의 과학 역사가 우리에게 가르쳐 주었다.

한편 그것을 아는 것이 도움이 되는지 아닌지는 별개로 하고, 그 이상으로 우리에게는 만약 알지 못하는 진실의 숫자가 있다면 어찌 됐든 알고 싶다는 '진리'에 대한 억누르기 힘든 욕구가 있다. 이 37조라는 숫자를 알았다고 해서 우리 생활이 딱히 달라지지는 않을 것이다. 하지만 이 숫자가 우리 안에 어딘가 희미하게 묻혀 있는 '진리'에 대한 동경에 가까운 감정을 자극해 주지는 않을까.

수업에 교과서는 필요 없다

대학 생활 4년간의 최대 미션은 고등학교까지의 학습 습관을 버리는 것이다. 교수의 이야기를 있는 그대로 받아들이고 기억하는 것이 아니라, 일단 자신의 필터로 거른 후에 받아들이는 태도를 몸에 익혀야 한다.

나는 강의에서 교과서를 사용하지 않는다. 교과서와 비슷한 책을 참고 도서로 지정하기는 하지만, 수업에 사용하지는 않는다. 고등학교까지의 교육에서는 교과서가 필수다. 교육과정이 정해져 있으며, 전국에서 똑같이 어느 범위까지 가르쳐야 하는지 등이 상세하게 규정되어 있다. 전국의 어떤 고등학교든 같은 내용을 가르치고 같은 학력學力을 익히게 하기 위해서다. 이를 위해서는 교과서가 편리하고, 교과서에 맞춰 수업을 진행하면 보다 효율적으로 지식을 전달할 수 있다.

지식을 체계적으로 전달한다는 목적에서 보면 교과서는 상당히 잘 구성되어 있다. 제아무리 과학 전문가라고 하더라도 교과서 없이 그 지식 체계를 학생에게 제대로 빠짐없이 전달하기는 쉽지 않다.

하지만 앞서 말한 것처럼 나는 참고로 읽으면 좋은

텍스트를 지정하긴 하지만, 교과서로 강의를 진행하지는 않는다. 그 이유 중 하나는 교과서에 적힌 내용은 교과서를 읽으면 그만이라고 생각하기 때문이다. 같은 내용을 강의에서 반복할 필요는 없다. 시간 낭비에 불과하다. 교과서를 읽어도 모르겠다면 선생에게 질문하면 된다. 본인 혼자 이해할 수 있는 것을 굳이 선생이 반복할 필요는 없다. 그렇게까지 친절할 필요는 없으며, 그렇게 해서도 안 된다. 고등학교까지의 교습법과는 달라야 한다.

실은 나 자신이 세포생물학 분야의 교과서를 다수 편집하고 집필하기도 했기에, 이건 어떤 의미에서는 엄청난 자기모순이기도 하다. 하지만 나는 그저 내가 쓴 교과서는 참고 도서로 사용해 주면 족하다고 생각한다.

대학교수는 교과서에 아직 기재되지 않은 내용, 스스로도 아직 충분히 알지 못하는 아슬아슬한 부분을 학생에게 전달하는 것이 본래 사명이다. 그것이 더욱 매력적인 강의가 되리라는 것이 내 신념이다.

동료 교수였던 요시다 마사스케 선생은 "어떤 선생이든 세 번 질문을 받으면 답이 궁해진다"라고 말했다. 전적으로 동의한다.

질문한다. 선생이 답한다. 그 답에 대해 다시 한번 질문한다. 그것을 세 번 반복하면 선생이든 누구든 답할 수 없는 영역에 발을 들이게 될 수밖에 없다는 말이다. 요시다 선생이 남긴 명언이 아닐 수 없다.

그렇게 아슬아슬한 선에서 강의하는 선생이 매력 있다. 100퍼센트 확실한 것만을 전하는 선생은 아무리 뛰어나게 가르치더라도, 친절하고 정중하더라도 매력 있다고 말하기는 어렵다. 그것을 분별하려면 일단 질문을 던져 보면 된다.

3

예상외를 극복하는
'지의 체력'을 키우자

과도한 보도 자료

연구자도 가끔 보도 자료를 내보낼 때가 있다. 일반 대중에게도 알려야 한다고 생각되는 사회적 임팩트가 강한 발견을 했을 때나 새로운 성과가 나왔을 때다.

우리가 하는 연구는 많든 적든 국민의 세금으로 이루어진다. 더욱 정확하게 말하면 과학연구비 보조금이라 불리는 경쟁적 자금이 큰 부분을 차지한다. 이 보조금 자체가 국가 예산의 일부이며, 대학 연구 대부분이 세금에 많은 신세를 지고 있는 건 분명하다.

따라서 공익에 도움이 될 법한 발견을 하거나, 직접적인 이익으로 이어지지는 않더라도 일반인의 관심을 끌 만한 커다란 발견을 한 경우에는 적극적으로 그것을 알려 과학자 집단 외의 사람들에게도 그 성과를 공유하는 것이 분명 중요하다.

그런데 보도 자료와 관련해 두 가지 면에서 조금 안타깝게 생각하는 부분이 있다.

하나는 연구자가 과도하게 보도 자료를 내고 싶어 한다는 점이다. 나 자신도 반성하며 하는 말이지만, 그다지 대단치 않은 성과까지 보도 자료를 내려 할 때가 많다. 그뿐 아니라 최근에는 과학연구비 신청서나 연구보고서에 보도 자료 내역을 나열하는 항목까지 있고, 그것 자체가 업적 중 하나로 간주되는 경향마저 있다. 또한 보도 자료를 통해 대학의 연구 역량을 어필하는 측면이 강조되어 학교 측에서도 가능한 한 적극적으로 보도 자료를 내도록 요청하기도 한다. 솔직히 말해 이런 것까지 신문에 실어도 되나 싶은 것까지 보도되는 것이 현실이다.

할 수 있는 것을 하는 게 뭐가 잘못이냐고 묻는다면 답할 말은 없다. 더군다나 그것이 연구비를 받거나 대학을 홍보하는 데 도움이 된다고 하면 무조건 비판할 수도 없는 노릇이다. 하지만 모든 연구자가 그쪽 방향만 바라보는 것은 씁쓸한 일이다.

자신의 발견이나 성과를 적극적으로 모두에게 알리고, 그로부터 많은 시사점과 비판을 얻는 것은 분명 중요하다. 하지만 연구자에게는 일종의 조심성이나 과묵함도 필요하지 않을까 생각하는 것은 그저 내 미의식일 뿐일까.

또 하나 불편한 점은 연구비를 주는 측이 세금으로 조성한 연구비이므로 그것을 받아 연구를 진행하는 연구자는 그에 걸맞은 사회적 공헌을 해야 한다고 무언의 압력을 가하는 것이다.

신청서나 보고서에 보도 자료 실적을 적는 항목이 있다는 건 이미 말했지만, 마찬가지로 진행 중인 연구의 '사회적 파급효과'를 논하는 항목도 있다. 자신의 연구가 어떤 식으로 사회에 도움이 될지 기술하는 것이다. 나는 연구비 심사를 할 때 그 항목은 거의 보지 않지만, 그런 항목이 있다는 자체가 연구비 수급 요건으로 사회 공헌 여부를 고려한다는 사실을 대변하는 게 아닐까.

무엇을 위해 공부하는가

보도 자료를 내면 그 연구가 어디에 도움이 되는지에 관해 가장 많은 질문을 받는다. 공공의 연구비로 이루어지는 연구이기에 어떤 식으로 도움이 되는지 묻는 것은 당연하다.

하지만 무언가를 할 때 항상 그것이 무언가에 도움이 되는지 아닌지를 생각하는 사고 패턴이 과연 옳은지 반추해 볼 필요가 있다. 그것은 효과, 효용 혹은 보상이 없으면 그 행동을 하지 않을 것이라는 사고방식 자체에 대한 의문이라 해도 좋을 것이다.

공부에 관해 생각해 보면 그것은 더욱 분명해진다. 공부하라는 말을 듣는다. 왜 공부하지 않으면 안 되는가. 가장 단적인 답은 '좋은 성적을 얻기 위해'가 될 것이다. 기말시험이나 모의고사에서 좋은 점수를 따기 위해, 보다 커트라인이 높은 대학을 목표로 삼기 위해, 입시에 합격하기 위해. 위해, 위해, 위해라며 목적이 줄지어 이어진다. 그러고 보면 '제대로 된 목표를 세워 공부하라' 같은 말도 귀에 딱지가 생길 정도로 듣는다.

공부의 동기를 찾을 때는 언제나 '~을 위해'라는

어구가 따라온다. 또는 반대로 공부하지 않으면 '~을 위해'를 실현할 수 없다는 협박으로도 사용된다. '공부하지 않으면 좋은 대학에 들어갈 수 없다'라는 식으로 말이다.

중학생이나 고등학생에게 동기를 부여할 때는 이런 방식이 알기 쉬울지 모른다. 하지만 공부는 대학에 들어간다고 끝나는 것이 아니다. 반대로 고등학교를 졸업하고 나서부터 진짜 공부가 시작된다고도 할 수 있다.

그런데 이전까지는 '~을 위해'라는 목적과 짝을 지어 공부를 해 왔기에 대학에 들어간 순간 '배움'의 의미와 의의를 잃어버리는 학생이 적지 않다. 어찌 됐든 '대학에 들어가기 위해'라는 목적은 이미 달성되었기 때문이다. 목적 자체가 그 시점에서 없어져 버렸다. 자, 그럼 어떻게 하면 좋을까.

일본 대학에는 '5월병'이라는 현상이 있다. 희망에 불타서 대학에 입학한 것은 좋았지만, 한 달이 지나서 그 흥분도 어느 정도 식고 이제부터 어떻게 하면 좋을지 목표를 세우지 못해 어찌할 바를 모르게 되는 것이다.* 우울 상태에 빠지는 학생이 많아 학교의 보건상담실이 붐빌 지경이다.

이것도 대학에 들어간다는 목적과 목표가 달성되어 버렸기 때문에 생기는 병이라 할 수 있다. '배움'을 궁극적 목적으로 삼지 않고 입학이라는 당면한 목적에만 몰두했기 때문에 벌어지는 현상이리라.

학습에서 학문으로

대학에 들어간 순간부터 기존의 학습 태도를 완전히 잘라 내는 것이 좋다고 앞서 말했다. 대학에서는 '학문'이 주된 목적이며, 이는 고등학교까지의 '학습'과 근본적으로 다르다.

그럼 '학습'과 '학문'은 어떻게 다를까. 학습을 먼저 살펴보자. 이미 논한 것과 겹치지만 학습은 우선 다음과 같은 특징이 있다.

① 학습의 물음에는 답이 있으며, 더욱이 그 물음은 대부분 누구나 같은 답에 도달하는, 즉 객관적인 정답이 있음을 전제한다. 묻는 측에서는 이 정답을 질문하기 전부터 이미 알고 있다.

② 학습은 기본적으로 선생은 가르치는 사람이고

학생은 배우는 사람이라는 역할 분담에 따라 성립한다.

③ 학습의 기본은 선생은 올바른 것을 가르치고 학생은 그 올바른 지식을 습득한다는 것이다.

④ 학습의 목표는 어떤 학생이든 뒤처지지 않도록 하는 것, 그리고 이상적으로는 누구나 같은 지점에 도달하도록 하는 것이다.

개별적인 문제에 따라서는 해당하지 않거나 예외적인 것도 당연히 있을 테지만, 대략 이러한 특징에 따라 초중등 교육 현장이 움직인다고 할 수 있다.

학습이란 배우고學 익히는習 것이다. '익히다'는 '반복해서 수양하다' '가르침을 받아 자신의 것으로 만들다'라는 의미다. 배우고, 그 배운 것을 자신의 것으로 만드는 것이 학습이다.

그에 비해 학문이란 배우고學 묻는問 것이다. 배우고 그것을 받아들이는 일방적인 지식의 흐름이 아니라, 들어온 지식을 일단 막아 세우고 그것이 올바른지 되묻는다. 어떤 의미나 가치가 있는지 되묻는다. 이 같은 '묻다'라는 행위를 더하는 것에 학문의 의미가 있다. 자연히 학습과는 태도와 자세가 다르다. 극단적으로는 서로 대립한다고 봐도 좋을 것이다.

마지막 교육기관으로서의 대학

대학에서는 앞으로 사회에 나가면 고등학교 때와는 달리 정답이란 없다는 사실을 학문의 기본 요건으로 학생에게 알려 줘야 한다. 이것도 앞서 논했지만, 대학은 마지막 교육기관이라는 점에 더욱 주의를 기울여야 한다.

중학교나 고등학교까지의 교육만 마치고 사회에 나가는 사람이 많은 것도 사실이다. 하지만 일단 제도적으로는 대학이 마지막 교육기관이다. 대학원이라는 과정이 있지만, 대학원은 기본적으로 연구를 위한 곳이다. 사회에 인재를 내보내기 위한 '교육'기관으로는 4년의 대학 과정이 마지막인 셈이다.

그 마지막 4년간의 교육에서도 이전까지의 단순한 학습 틀을 그대로 이어가도 괜찮을까. 이전처럼 일방적으로 가르침을 받고 그것을 받아들여 자신의 것으로 만들어 가는 것으로 충분할까.

사회에 나가 보면, 그곳은 무엇 하나 정답이 없는 세상이다. 어떤 문제가 생겼을 때 그에 대한 정답을 아는 사람은 단 한 명도 없다고 해도 과언이 아니다. 사회적·정치적 문제부터 회사나 조직에서의 인간관계를 포함한 각종 문제 혹은 가족 사이에서 불거지는 문제까지, 그 답을 가지고 있는 사람은 아무도 없다. 애초에 답이 없는 문제일 수도 있으며, 답이 하나이거나 여럿인 문제일 수도 있다. 따라서 누구의 답을 신용하면 좋을지도 알 수 없다.

나는 자주 학생들에게 말하곤 한다. 여러분은 최고의 교육을 받고 있는 사람들이 틀림없다. 대학보다 위에 있는 교육기관은 없기 때문이다. 그런 여러분이 사회에서 벌어지는 다양한 문제에 대해 자신만의 사고방식을 가지고 스스로 생각하지 않는다면 도대체 누가 그것을 생각할 수 있겠는가.

사회나 정치에 관한 복잡한 문제는 더욱 훌륭한 사람이나 정치가가 생각해서 답을 내줄 테니 자신은 그것을 따르기만 하면 된다고 여기는 학생이 많은 것 같다. 하지만 대학을 나온 사람은 누구나 최고의 교육을 받은 셈이고, 누구나 지식인이라고 말해도 좋은 존재가 분명하다. 그런 사람이 생각하지 않는다면 누가 생각한단 말인가. 대학을 졸업한다는 것은 그만큼의 책임을 짊어진다는 뜻이다.

예상외를 마주하는 지식의 힘

앞으로 무슨 일이 일어날지 현재 시점에서는 누구도 알 수 없다. 동일본 대지진 때 후쿠시마 원자력발전소 사고가 터졌다. 그때 각종 매체에서는 '예상외'라는 말을 빈번하게 사용했다.

우리가 앞으로 살아가는 동안 인생에서 벌어지는 일은 모두 예상외의 일이다. 예상외 사태를 어떻게든 자신만의 힘으로 극복해 나가야 한다. 산다는 것은 그런 것이다.

운동을 제대로 하려면 나름의 기초 체력을 키워야 하는 것과 마찬가지로, 앞으로 무슨 일이 일어날지 알 수 없는 예상외의 문제에 나름대로 대처하려면 이를 위한 체력이 필요하다. 나는 그것을 '지知의 체력'이라 부른다.

그것은 지식을 습득하는 일일 뿐 아니라, 어떻게 생각해야 지금 상황을 극복할 수 있을까에 관한 사고방식의 훈련이기도 하다. 지식을 얻는 것은 물론 중요하지만, 그것이 탄력적인 지식이 아니라면 실제로 응용하는 데는 아무런 도움도 되지 않는다. 단순히 교과서에 적힌 대로만 기억하는 지식은 현장에서 맞부딪힌 상황에 자유롭게 응용하기 어렵다.

　지식을 풀어내 응용 가능한 정도까지 자유롭게 늘이거나 줄이려면 그 지식이 얼마나 많은 사람의 시행착오를 거쳐 만들어진 것인지 알아야 한다. 그것이 생성된 과정을 알고 커버할 수 있는 범위를 생각한 후, 그 지식을 바탕으로 자신이 이미 알고 있는 지식 체계를 재구성해야 한다.

　고민이 되는 문제를 만났을 때 앞선 이들이 지금까지 어떤 식으로 생각해 왔는지를 배우는 것은 구체적으로 무언가에 도움을 주는 공부 이상으로 중요한 의미를 지닌다. 우리가 지금 상식으로서 의심하지 않는 지식도 그것이 확립되기까지는 다양한 견해를 가지고 접근하는 사람들에 의해 끊임없는 논의와 반증을 거쳐 흔들리면서 천천히 빚어진 것이다. 그것을 상세히 안다는 것은 다양한 견해가 존재한다는 사실을 아는 것이다. 그런 시점과 시각을 갖추는 것은 예상외의 현실에 대응하는 데 필수다.

본래 공부나 학문은 구체적인 목적을 위해 하는 것이 아니다. 구체적으로 무언가를 해결하기 위한 확실한 목적이 있는 것은 학습이다. 반대로 학문이란 배우고 묻는 것이다. 구체적인 문제를 해결하기 위한 공부가 나쁘다는 것이 아니다. 다만 그런 목표 없이 아주 먼 미래에 막연히 무언가에 도움이 될 수 있는 공부도 있으며, 그것이야말로 학문이라는 점을 강조해 두고 싶다.

'모르는 것'을 가르치고 싶다

앞서 나는 강의에서 교과서를 사용하지 않는다고 말했다. 가장 큰 이유는 '아는 것'을 가르치기보다 '모르는 것'을 가르치는 것이야말로 대학 교육, 대학 강의의 본래 취지이기 때문이다. '아직 모르는 것'을 학생에게 소개하고 왜 아직 모르는지 설명한다. 여기서 '왜'에 관심을 두게 만드는 것이 대학 교육의 본래 취지이자 학문의 첫걸음이다.

교과서는 편리하게 잘 만들어져 있고, 필요한 지식은 거의 모두 담겨 있다. 하지만 유일하게 적혀 있지 않은 것이 있다. 바로 '모르는 것'이다. '아는 것'은 필요한 만큼 충분히 망라된 것이 교과서지만, 유일하게 '아직 모르는 것'은 적혀 있지 않다. 어찌 보면 당연한 말일 테다.

내 전공은 이과이기에 아무래도 그 분야의 교과서를 중심으로 생각하게 되는데, 고등학교까지의 교과서를 주의 깊게 읽어 봐도 지식의 최첨단과 관련해 아직 확실하지 않은 분야를 다룬 경우는 거의 없다. 이런 불확실한 내용을 굳이 언급하면서 아직 알지 못하는 이유나 여기에는 몇 가지 이론이 있을 뿐 정설은 없다는 사실을 주요하게 다룬 교과서는 없다. 그저 이미 '아는 것'을 깔끔하게 정리한 교과서가 대부분이다.

이미 '아는 것'을 습득 즉 학습하는 것도 중요하지만, 더욱 중요한 배움은 이미 '아는 것'의 바로 옆에 아직 '모르는 것'이 매우 많다는 사실을 깨닫는 것이 아닐까.

물론 '아직 모르는 것'을 알기 위해서는 자신이 어떤 것을 아는지 먼저 깨달아야 한다. 따라서 어쩔 수 없이 교과서의 내용도 강의하지 않으면 안 된다. 하지만 아는 것을 제대로 이해하는 것은 모르는 것을 알기 위한 전제라는 자리매김이 필요하다. 단 한 명의 학생이라도 모르는 것으로 가득 찬 세상에 매력을 느끼고 연구자의 길을 걸어 주기를 바라는 마음으로 강의하고 있다.

산처럼 높게 쌓인 지식을 마주하게 되면 누구나 그 위에 자신도 무언가를 쌓을 수 있다고 생각하기는 어렵다. 하지만 '아는 것'이라고 생각했던 것 바로 옆에 아직 모르는 것이 이렇게나 많이 있다는 사실을 알게 되면, 자신도 혹시 그 문제나 과제의 해결에 참여할 수 있을지 모른다고 생각하는 계기를 얻을 수 있다. 수동적인 학습에서 능동적인 학문으로의 전환은 '혹시 나라도'라는 능동적인 생각 없이는 일어나지 않는다.

4

독서가
왜 필요한가

보잘것없는 내가 실은 대단한 존재였다

내 전공은 '세포생물학'이다. 생명의 기본 단위인 세포라는 작은 공간 속에서 어떤 생명 활동이 일어나는지 연구하고 있다. 생명과학 중에서도 가장 근간이 되는 학문 분야라고 설명하면 상당히 어렵게 느껴지므로, 처음에는 숫자로 관심을 불러일으킨다.

세포 하나하나가 모여 개체를 이룬다는 것은 누구나 아는 사실이다. 한 명의 인간을 이루는 세포의 수는 거의 60조 개라는 것이 상식처럼 여겨진다. 앞서 말한 것처럼 이 숫자는 37조 개로 정정되었지만, 아직 확정된 사실은 아니므로 일단 여기에서는 60조 개를 기준으로 이야기를 진행하고자 한다. 세포 하나의 크기는 10미크론 정도다. 물론 현미경 없이는 볼 수 없다.

"그럼 여러분의 몸에 있는 세포를 한 줄로 늘어놓으면 어느 정도의 거리가 될까요?" 이렇게 물으면 아무도 그런 것을 생각해 본 적이 없기에 정답을 내놓지 못한다. 60조라는 숫자를 지식으로는 알고 있지만 그다지 실감하지는 못하는 것이다. 혹은 지식을 자신의 감성 속에 받아들이려는 의식이 희박하다고도 할 수 있다.

간단히 계산해 보면 답이 나온다. 세포 하나의 지름을 10미크론으로 보고 60조를 곱하면 된다. 그러면 60만 킬로미터라는 답이 나온다. 이는 초등학생 수준의 산수로 간단히 구할 수 있다. 이 엄청난 숫자를 어떻게 실감할 것인가가 공부에 대한 흥미와 관심으로 직결된다. 60만 킬로미터라고 해도 60조라는 숫자를 받아들이는 감각과 크게 다르지 않을 테다. 이것을 보다 구체적인 척도로 바꿔 보자. 지구 한 바퀴가 4만 킬로미터이니, 60만 킬로미터는 지구를 열다섯 바퀴 정도 돌 수 있는 길이가 된다. 새롭게 나온 37조라는 숫자로 생각해도 지구를 아홉 바퀴 정도 돌 수 있는 거리가 된다.

우리는 하나의 난자와 정자가 수정한 그저 하나의

수정란에서 출발했다. 난자는 일반 세포보다 큰데, 0.1 밀리미터 정도의 크기다. 보려고 들면 육안으로도 간신히 볼 수 있는 정도다.

1밀리미터의 10분의 1 크기였던 존재가 불과 20년이 지나기도 전에 지구를 열다섯 바퀴나 돌 수 있는 길이의 세포를 만들었다. 누구의 도움도 빌리지 않고 자신의 힘만으로 이만큼의 세포를 만든 것이다. 이것에 감동하지 않는 사람이 있을까. 보잘것없는 존재라고 생각했던 자신이 자신만의 힘으로 지구를 열다섯 바퀴 정도 돌 수 있는 세포를 만들었다.

참고로 『오슈의 좁은 길』로 알려진 마쓰오 바쇼는 '오슈의 좁은 길'을 여행하면서 하루에 50킬로미터를 걸은 날이 많았다고 전해진다. 일반적으로 그만큼 걷는 것은 무리지만, 사람이 하루에 걸을 수 있는 평균 거리는 35킬로미터 정도 된다고 한다. 태어나서 스무 살이 될 때까지 이 속도로 매일 걷는다고 해도 도저히 지구 열다섯 바퀴에는 이르지 못한다. 해 봐야 여섯 바퀴 정도나 될까. 자신이라는 존재를 칭찬해 주고 싶은 기분이 들지 않나. 이런 작은 감동이 있으면 저절로 학문에 대한 흥미와 관심이 생긴다.

60조 개라는 말을 들으면 정말 엄청난 숫자라는 느낌이 들지만, 어느 정도의 숫자인지 전혀 실감이 나지는 않는다. 하지만 지식으로서의 숫자를 가령 한 줄로 늘어놓은 거리가 지구 열다섯 바퀴 정도에 해당한다는 식으로 상상하기 쉬운 형태로 변환하면 그 숫자의 대단함을 실감할 수 있다. 그것이 얼마나 대단한지 감동과 놀라움이 생겨난다. 이렇게 살짝 샛길로 빠지는 것을 꺼리기 때문에 공부가 재미없게 느껴지는지도 모른다.

'아무것도 모르는 '나''를 아는 것

책을 읽는 것 혹은 학문을 하는 것의 의미는 무엇일까. 일반적으로 지금까지 모르던 지식을 얻는 것이라는 답이 돌아올 테지만, 독서의 '의미' 혹은 학문의 '의미'를 생각해 보면 그 답만으로는 충분하지 않다.

독서 혹은 배움을 통해 분명 새로운 지식은 자신의 것이 된다. 하지만 독서나 학문의 '의미'는 잘라 말해 자신이 그때까지 무엇 하나 알지 못하는 존재였다는 사실을 처음으로 깨닫게 되는 그 자체에 있다. 어떤 지식을 얻는다는 것은 그런 지식이 없던 '나'를 새롭게 발견하는 것이다.

한 사람의 몸에 지구 열다섯 바퀴를 돌 수 있는 양의 세포가 담겨 있다는 사실을 알고 나면 자신이 그렇게 대단한 존재였나 감동하게 되는데, 이는 자신이 그런 것도 몰랐다는 사실을 새삼 깨달은 데서 오는 감동이다. 처음부터 무엇이든 알고 있다면 감동 따위 생겨나지 않는다. '모르는 존재로서의 자신을 안다'는 것, 학문은 거기에서 출발한다.

자신이 아는 것은 세계의 극히 일부에 불과하다는 사실을 자각하는 것은 자신이라는 존재를 상대화하는 것이다. 그것을 자각하지 못하는 동안에는 자신이 절대적이라고 생각하기 쉽다. 자신밖에 보이지 않는다. 세상이 자신을 위해 돌아간다고 착각한다.

자신은 '아직' 아무것도 모르는 존재임을 깨달음으로써 상대와 자신의 관계도 보이고, 세상에서 자신이 존재하는 의미도 생각하게 된다. 나는 '아직' 아무것도 모른다는 사실을 자각함으로써 앞으로 세상을 제대로 바라볼 수 있게 된다. 그것이 학문의 동기이자 구동력이 된다.

'아무것도 모르는 자신'을 자각하지 못한 채 그저 일상을 평범하게 살아가는 것에 만족한다면, 힘든 작업을 동반하는 학문이나 연구 같은 것에 대한 흥미나 동기도 생겨나지 않는다. 하지만 '아, 나는 지금껏 사실상 세상의 극히 작은 일부밖에 보지 않았고 세상을 제대로 알지 못했다'라고 실감한다면 그리고 자신이 지금까지 몰랐던 세상이 얼마나 경이로 가득 차 있고 알게 되는 기쁨으로 넘치는지 엿볼 수 있다면, 아는 것에 대한 경의와 존경의 마음이 저절로 생길 것이다.

　이런 보잘것없는 나의 몸에 지구를 열다섯 바퀴나 돌 수 있는 양의 세포가 있다는 놀라움과 감동은 분명 자신이라는 존재를 바라보는 새로운 시각을 선사할 것이다. 그뿐 아니라 자신이라는 존재를 존경하는 마음으로 바라보게 될 것이다. 동시에 한편으로는 이대로 아무것도 모른 채 인생을 목적 없이 보낸다면 이런 기쁨을 맛보지 못할 테고, 그것만으로도 커다란 손해라는 깨달음을 얻을 것이다.

'타자'의 발견

우리 집에 작은 아이가 찾아왔다. 아직 만 한 살도 되지 않은 여자아이다. 세간에서 손녀라고 부르는 존재로 귀엽기 그지없다.

그 아이를 바라보다 보면 여러 가지를 발견하게 된다. 자신의 아이를 키울 때는 보이지 않았던 많은 것이 보인다. 아이는 세상의 중심에 있다. 마치 천동설과 같다. 아이는 아무것도 하지 않는데 모든 것이 아이를 중심으로 돌아간다. 세상을 소유하고 있으며, 세상은 아이를 감싸줄 뿐 아이와 대치하지 않는다.

하지만 어린이집이나 유치원에 가면 비슷한 나이대의 '타자'를 처음으로 만나게 된다. 이곳에서 '타자'를 아는 것이 자신이라는 존재를 의식하는 최초의 경험이 된다. 세상이 자신만을 위해 돌지 않는다는 사실을 처음으로 알게 된다.

'타자'를 알게 됨으로써 처음으로 '자기'라는 존재에 대한 의식이 싹튼다. '자아의 싹틈'은 '타자'에 의해 의식되는 '자기'에 대한 시선이다. 자신을 바깥에서 바라보는 경험, 이것은 배움의 최초 경험이기도 하다.

앞에서 논한 바와 같이 책을 읽는다는 것은 '이런 것도 모르는 자신'을 발견하는 것, 즉 자신을 객관적으로 바라보는 행위다. '자기'의 상대화라고 말해도 좋다.

이런 생각을 하는 사람이 있구나 생각한다. 소설을 읽으면서 이런 한결같은 사랑이 있네, 이렇게 괴로운 이별이 있구나 하며 눈물짓는다. 거기에는 '읽기'라는 행위 이전에는 알지 못했던 세상이 가득하다. 그것을 안다는 것은 '그것을 모르던 자신'을 알게 되는 것이다. 한 권의 책을 읽으면 그만큼 자신을 보는 새로운 시선이 자신 안에 생겨난다. '자기'의 상대화란 바로 그런 것이다.

공부를 하는 것은 그 때문이다. 독서나 공부를 하면 분명 지식이 넓어지지만, 더욱 중요한 것은 자신을 객관적으로 바라보기 위한 새로운 장소를 얻는다는 사실이다. 작은 아이가 타자를 만나 처음으로 자아를 깨닫는 것처럼 우리는 '자기'를 다양한 각도에서 보기 위해 그리고 다양한 시선을 얻기 위해 공부를 하고 독서를 한다. 그것 없이는 독선적인 자신에게서 벗어날 수 없다. '타자'와의 관계를 쌓을 수 없다.

공부나 독서는 스스로 얻을 수 없는 '다른 시간'을

얻도록 해 주기도 한다. 과거의 많은 시간을 만날 수 있게도 해 준다. 과거의 시간을 소유한다는 것은 스스로는 가질 수 없는 자신에 대한 시선을 갖게 된다는 말이기도 하다. 이렇게 개별 인간은 세상과 마주하기 위한 기반을 만들어 나간다.

생명은 자연히 태어난다?

'이런 것도 모르는 자신'을 아는 것은 '아는 것에 대한 존경과 경의'라는 측면에서도 무척이나 중요하다. 하나의 과학적 사실이 분명해지기까지 얼마만큼의 시간이 소요되고 얼마나 많은 사람의 끊임없는 노력이 요구되는지, 지금 시대에는 당연하다고 여기는 사실이 올바른 것으로 정착되기까지 얼마만큼의 시간이 소요되고 어떤 실험과 이론 구축의 과정을 거치는지, 그것을 제대로 알아야만 우리가 평소 아주 쉽게 입에 담곤 하는 '진리'에 경의를 표할 수 있다.

한 예로 '생명의 자연발생설'을 부정해 온 역사를 되돌아보고자 한다. '생명은 자연히 발생하는 것이 아니다'라는 명제를 증명하기 위해 어떤 시행착오를 거쳤을까. 우리 현대인은 누구나 생명은 자연히 발생하지 않는다는 사실, 생명은 생명에서밖에 태어나지 않는다는 사실을 알고 있다. 하지만 현대에는 상식 이전의 문제라고 여겨지는 이 개념이 정착하기까지 긴 시간 동안 많은 논의와 실험이 이루어졌다.

생명이 무기물에서 자연적으로 발생한다고 처음 주창한 이는 그리스 철학자 아리스토텔레스라고 전해진다. 아리스토텔레스는 동물의 생식이나 발생 등에 관한 당시 견해를 정리하고 자연을 관찰한 사실에 기반해 『동물지』와 『동물발생론』이라는 책을 썼다. 『동물지』는 총 9권(일부는 아리스토텔레스의 글이 아니라는 이견도 있다), 『동물발생론』은 총 5권 60장으로 이루어진 대작이다. 이 두 책에는 부모로부터 태어나는 것이 아니라 자연적으로 발생하는 생명도 있다는 내용이 담겨 있다. 그 예로 꿀벌이나 반딧불이는 풀의 이슬에서, 장어나 새우, 낙지 등은 해저의 진흙에서 자연적으로 태어난다고 되어 있다. 물속을 관찰할 수단이 없었던 당시에 장어 등이 해저의 진흙에서 혹은 반딧불이가 풀의 이슬에서 태어난다고 생각한 것도 전혀 이해되지 않는 바는 아니다.

이런 생각은 1861년, 19세기에 들어서 루이 파스퇴르에 의해 완전히 부정될 때까지 2천 년 가까이 사실로 받아들여졌다. 그만큼 아리스토텔레스의 권위가 강했다는 점도 있겠지만, 일단 정설로 퍼져 버린 생각에 의심의 눈길을 던지기가 얼마나 어려운지 말해 준다고도 할 수 있다.

과학적 사고방식의 기본

중세 유럽에서는 연금술이 번성했다. 연금술사 파라셀수스가 증류기에 인간의 정액과 여러 종류의 허브를 넣은 후 밀봉하고 부패시켜 인조인간 호문쿨루스를 만들었다는 소문도 돌았다. 인간의 발생과 관련해 정자에 이미 들어 있는 작은 호문쿨루스가 점점 커져 인간이 된다는 '전성설'前成說도 유포되었다. 연금술이 생명과학과 엇갈린 예라 할 수 있다.

17세기에 들어선 후에도 이와 관련된 실험이 행해졌다. 땀으로 오염된 셔츠에 기름과 우유를 묻힌 뒤 항아리에 넣어 창고에 보관해 두면 거기에서 생쥐가 태어난다는, 따라서 생명이 자연적으로 발생한다는, 지금 와서는 쓴웃음밖에 나오지 않는 실험이었다.

이런 예를 들으면 웃음이 절로 나온다. 하지만 수프를 방치해 두면 구더기가 생긴다. 이것을 보고 역시 생명은 자연적으로 발생한다고 믿는다 해도 이상하지 않다. 이와 관련해 구더기가 자연적으로 발생하지 않는다는 사실을 실험을 통해 처음으로 증명한 사람이 프란체스코 레디였다.

단순한 실험이긴 하지만, 두 개의 병에 생선을 넣은 후 하나는 그대로 열어 두고 다른 하나는 거즈로 덮었다. 며칠 놓아두자 열어 둔 쪽의 생선에는 구더기가 들끓었지만, 거즈로 덮은 쪽에는 구더기가 생기지 않았다. 파리가 생선에 접촉해 알을 낳지 못했기 때문인데, 이는 지금 시대에는 상식이지만 이때 처음으로 증명된 것이다.

프란체스코 레디의 실험은 과학적으로 '대조'를 어떻게 하는지에 대한 중요성을 깨닫게 해 준다. 이는 과학사에서 특필할 만한 점이다. 생선 자체에서 구더기가 생겨나는 것이 아님을 증명하기 위해 뚜껑을 닫은 것(실험군)과 닫지 않은 것(대조군)을 비교했다. 그렇게 뚜껑을 닫으면 구더기가 들끓지 않는다는 사실을 증명해 구더기는 파리 등이 낳은 알에서 태어난다고 결론짓는 이 '비교' 작업이 중요한 것이다.

과학 분야에서 실험이란 한마디로 말하면 '대조'('컨트롤'이라고도 부른다) 사이의 '차이'를 찾아내는 것이라고 해도 좋다.

건강보조식품이나 민간약 중에는 '이것을 먹으면 이렇게 건강해집니다' '이런 증상이 개선됩니다'라고 주장하는 경우가 많지만, 먹지 않았을 때와 비교하는 대조 실험을 진행하지 않은 것이 많다. 엄밀하게 하자면, 같은 조건에 있는 사람을 균등하게 두 그룹으로 나눈 후 한쪽에는 약을 주고 다른 쪽에는 전혀 관계없는 위약(이것을 플라시보라고 한다)을 준다. 두 그룹 사이에 차이가 있는 경우 그 약은 효과가 있다고 말할 수 있다. 과학적 사고에 익숙하지 않다면 이런 대조에 관심이 적을 수 있다. 이는 현대에 와서도 마찬가지이며, 주의를 요해야 하는 점이다.

나는 문과생에게도 기본적인 생명과학 지식을 가르쳐야 한다고 생각한다. 생명과학뿐 아니라 이과 과학의 개요만이라도 가르쳐야 한다. 그들도 과학의 기본적인 사고방식을 알아야 하기 때문이다. 개별 지식을 기억할 필요는 없지만, 가령 여기에서 논한 대조라는 개념은 꼭 알아 두었으면 한다.

요즘 세상에는 얼핏 과학적으로 올바른 주장을 하거나 광고를 하는 것처럼 보이지만 실은 엄밀한 검증을 거치지 않은 경우가 많다. 예를 들어 건강보조식품 광고를 보면, 복용한 사람의 경험담으로 '이것을 복용해 젊어졌다'거나 '걸을 수 있게 됐다'거나 '살을 뺄 수 있었다' 등의 기분 좋은 이야기만 전하는 것이 대다수다. 하지만 과연 그 이야기를 신용할 수 있을까.

만약 건강보조식품의 효과를 확실히 제시하고자 한다면 앞서 말한 것처럼 엄밀한 대조를 통한 실험 데이터를 내놓아야 할 것이다. 감각만으로 그 제품이 정말로 효과가 있을 것 같다고 판단해서는 안 된다. 대조를 통해 사용하지 않았을 경우와 비교하여 동일 조건에서 어떤 효과가 있는지 판단해야 한다. 대조라는 개념을 아는 것만으로도 사회에서 가치 판단의 정밀도가 극단적으로 높아진다. 이과에서는 당연한, 하지만 문과에서는 그다지 친숙하지 않은 이 같은 효과에 관한 판단 기준을 세우기 위해서라도 문과생이 이과적 사고방식의 기초를 접하는 것은 중요하다.

파스퇴르의 '백조목플라스크'

그럼 생명의 자연발생설로 돌아가 보자. 과학에서는 언제나 예외를 최소화하고자 시도하며, 예외가 있는 것은 기본적으로 원리로 간주하지 않는다. 시대가 지나 현미경이 발달하자 박테리아 같은 미생물에 주의를 기울이게 되었다. 박테리아도 분명 생명이지만, 박테리아는 거즈 같은 것으로 덮어 둬도 역시 '자연적으로' 생겨난다. 자연발생설을 주장하는 사람들은 바로 이거라며 목소리를 높였다. 역시 자연적으로 발생하는 생명도 있다는 것이다. 여기에는 어떻게 반론하면 좋을까.

거즈나 코르크 같은 것으로 덮은 경우 그 틈새로 공중의 미생물이 들어가 증식하는 것이 아닐까 생각한 사람이 있었다. 그래서 수프를 시험관 형태의 용기에 담고 일단 고온으로 살균한 후에 뚜껑 부분을 불로 지져 용접했다. 그러자 시험관의 수프에서는 박테리아가 증식하지 않았다. 얼핏 훌륭한 증명이라고 생각되지만, 과학에서는 어떤 유의 클레임이든 올바르게 답할 수 없으면 안 된다.

이번에는 수프가 들어 있는 시험관을 용접해 버렸

기 때문에 박테리아 등이 증식하는 데 필요한 '공기 속의 특정 성분'이 들어가지 못해 생명이 발생하지 않은 것뿐이라고 반론하는 사람이 나왔다. 생명의 발생에 필요한 공기 중의 특정 성분이 있으면 생명은 자연적으로 발생할 수 있다는 주장이었다. 이론적으로는 가능한 주장이었고, 그것을 배제하지 않으면 완전한 증명이라고 할 수 없었다.

이처럼 과학에서는 생각할 수 있는 온갖 가능성을 고려해 반증을 시도한다. 어떤 반증에도 견뎌 낼 수 있는 사실만이 과학적 진리로 인정받는다. 일종의 '트집 잡기'와도 비슷한 이런 반론은 과학적으로 충분히 의미 있는 일이다.

그럼 그 반론에 어떤 식으로 답할 수 있을까. 나는 교토산업대학에서 문과생도 생명과학의 재미를 접할 수 있는 전 학년 공통 과목인 강의를 맡고 있다. 그 수업에서 이 예시를 가지고 생명이란 무엇인가에 관해 강의한다. 마지막 반론, 즉 생명은 자연적으로 발생하지만 공기 중에 있는 특정 성분이 필요하기 때문에 공기를 완전히 차단해선 안 된다는 반론에 어떻게 답하면 좋을지 학생에게 질문한다.

이 질문에 답하기 위해서는 어떤 실험을 하면 좋을까? 여러분이라면 어떤 아이디어로 실험할 것인가? 나는 질문을 던지지만 역시 제대로 답할 수 있는 학생은 없다.

이 반론에 훌륭한 실험 방식을 고안해 답한 인물이 바로 루이 파스퇴르였다. 1861년의 일이다. 주석산酒石酸 같은 분자에는 서로 거울상의 관계인 두 가지 형태(키랄형이라고 불린다)가 있다는 사실의 증명, 와인 등의 알코올발효는 미생물이나 효모의 작용에 의한 것이라는 증명, 박테리아 등에 의한 부패를 막기 위한 저온살균법 개발, 백신을 통한 예방접종 개발, 특히 광견병 백신 개발 등 파스퇴르의 업적은 어떤 것이든 현대 과학의 금자탑이라 말할 수 있다. 지금이라면 노벨상을 몇 개라도 받았을 테다. 그리고 생명의 자연발생설을 부정한 것도 그의 업적 중 하나다.

파스퇴르는 백조목플라스크라는 독특한 플라스크를 고안해 냈다(그림 참조). 목이 긴 플라스크 안에 수프를 넣고 펄펄 끓여 살균을 한 후 놓아두었다. 그러자 아무리 시간이 지나도 수프는 썩지 않았다. 즉 박테리아가 증식하지 않았다. 이 실험을 통해 '공기와 접촉하

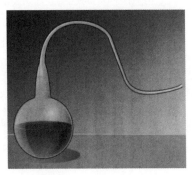
백조목플라스크

지 않아 박테리아가 발생하고 증식하는 데 필요한 공기 중의 특정 성분이 공급되지 않았기 때문에 박테리아가 발생하지 않은 것뿐이다'라는 반론을 깔끔하게 부정했다. 왜냐하면 플라스크의 긴 목을 통해 언제든 공기가 내부로 들어갈 수 있었기 때문이다.

실제로는 공기 속의 미생물이 백조목으로 조금씩 들어오지만, 목을 통과하다 그 주변의 관벽管壁에 갇혀 수프에 도달하지 못한 것이다. 가령 2주간 그렇게 방치해 두고 부패가 일어나지 않은 것을 확인한 후 백조목을 끝부분에서 부러뜨리면 이삼일도 지나지 않아 수프가 곧장 썩기 시작해 부패가 일어난다는 사실을 확인할 수도 있다.

부패는 수프 속에 박테리아라는 생명이 자연적으로 발생했기 때문이 아니라, 공기 중에 있는 박테리아의 침입으로 일어난다는 사실을 멋지게 증명한 것이다. 아리스토텔레스 이래 2천 년에 걸쳐 믿어 온 혹은 완전히 부정하지 못했던 생명의 자연발생설은 이로써 부정되었고, 생명은 자연적으로 발생하지 않는다는 개념이 확정되었다.

과학에서 진리에 이르는 프로세스는 전부 이런 과정을 거친다. 어떤 가설이 나오면 그에 대한 반론이 나오고, 그 반론에 답하기 위해 다시 연구를 거듭하며 실험을 한다. 그런 반복을 통해 더는 반론할 여지가 없을 정도까지 나아간 후에야 처음으로 그 가설이 진리로 인정받는다. 적어도 반론에 답하지 못한다면 그것은 '아직' 진리가 아닌 것이다. 생명의 자연발생설을 부정하는 과정에서 나온 일련의 반론, 재반론, 재재반론에 이르는 반복은 과학에서 진리가 확정되기까지의 프로세스를 보여 주는 좋은 예라 할 것이다.

5

활용되어야만
'지식'은 의미를 갖는다

꼭꼭 숨겨진 지식

우리는 학교에서 배운 지식을 어떤 식으로 실제 생활에서 활용하고 있을까.

예를 들어 곱셈이나 뺄셈은 물건을 살 때 무의식중에 도움을 준다. 이렇게 초등학교 시절 학습한 내용은 일상생활에서 사용할 기회가 꽤 많다. 하지만 중고등학교에서 배운 지식은 생활에서 꺼내 활용하기보다는 서랍이나 책장 깊은 곳에 꼭꼭 숨겨 둔 채 시험 때가 아니면 꺼내 보지 않는 경우가 많다.

콜라겐은 우리 연구실의 연구 테마 중 하나다. 나는 1986년에 콜라겐 합성에 필수인 단백질을 만드는 유전자를 발견해 Hsp47이라는 이름을 붙였다. 이 유전자를 바탕으로 콜라겐이 이상할 정도로 많이 축적되는 간경변증 등을 치료하기 위한 연구를 오랜 기간 계속하고 있다. Hsp47은 세포 안에서 콜라겐 분자가 올바른 형태를 취하도록 돕는, 전문 용어로 말하면 콜라겐 특이적 분자 샤프롱이다. 샤프롱은 시중을 든다는 의미로, 이 유전자는 콜라겐 분자가 성숙하도록 세포 안에서 돕는다.

처음 발견하고 나서 이미 30년 이상 지났고, 이후 이 유전자와 관련해 우리만이 아니라 전 세계에서 600건 이상의 논문이 나왔다. 하지만 아직 모르는 것이 여전히 많다. 이는 Hsp47뿐만 아니라 단백질을 비롯해 수많은 생명현상에 관해서도 마찬가지다. 앞서 말한 것처럼 과학, 연구, 학문의 세계에서는 새로운 것을 알게 되면 곧장 그 너머에 알 수 없는 의문이나 물음이 나타나고, 그런 궁금증은 끝이 없다는 사실을 항상 실감하곤 한다.

Hsp47은 내 필생의 과업 중 하나라고 생각하기에 콜라겐에 관한 기사가 나오면 당연히 유심히 읽어 보게 된다. 그와 관련해 항상 신경 쓰이던 것이 있다.

콜라겐을 먹는다

'젊음을 유지하기 위해' '피부를 탄력 있게 만들기 위해' 콜라겐을 건강보조식품으로 섭취하자는 광고가 눈길을 끈다. 생물학적으로 볼 때 이것은 의미가 없다는 점은 고등학교 수준의 생물 지식만 있다면 충분히 알 수 있다.

콜라겐은 단백질이다. 단백질은 20종의 아미노산으로 구성되어 있다. 우리가 단백질을 섭취하는 것은 몸속에서 즉 세포 안에서 단백질을 만드는 원료인 아미노산을 보급하기 위해서다. 고기나 생선, 달걀 등의 동물성 단백질, 대두 등의 식물성 단백질은 위에서 일차적으로 분해되며 최종적으로는 소장에서 아미노산이나 아미노산이 여러 개 연결된 펩타이드로 분해되어 흡수된다. 그렇게 흡수된 아미노산을 이용해 우리는 몸에 필요한 단백질을 합성한다. 이때 어떤 단백질을 만들기 위해 20종의 아미노산을 어떤 순서로 나열하면 좋을지 정하는 것이 유전자 코드라 불리는 유전자 DNA에 적힌 '문자'다. 이 문자가 지정하는 순서대로 아미노산을 하나씩 나열해 연결함으로써 단백질이 만들어진다. DNA는 이른바 단백질의 설계도를 적은 암호표 같은 것이다.

우리 몸을 만드는 단백질은 거의 10만 종이나 되며, 하나의 세포 안에서 80억 개 정도의 단백질이 작동하고 있다. 각 세포마다 1초 동안 단백질이 수만 개나 만들어진다. 특정 단백질로 한정한다 해도, 적혈구 속에서 산소를 운반하는 역할을 하는 헤모글로빈은 몸 전체에서 1초 동안 1000조 개 정도가 만들어진다고 여겨진다. 정신이 아득해질 만큼 엄청난 양이다. 그런 양의 단백질을 계속해서 만들기 위해 아미노산이 필요하며, 따라서 우리는 고기를 비롯한 단백질 식품을 섭취해야만 한다.

그중에서도 콜라겐은 전체 단백질 가운데 3분의 1을 차지하며, 체내에서 가장 많은 단백질에 해당한다. 뼈의 주성분일 뿐만 아니라 피부 안쪽에서 탱탱함을 유지해 주는 것도 콜라겐이다. 하지만 안타깝게도 콜라겐의 합성량은 노화와 함께 감소한다. 나이를 먹으면 피부가 처지고 주름이 생기며 탱탱함이 사라지는 이유다. 그렇기에 피부를 젊게 되돌리기 위해 콜라겐을 먹자 혹은 콜라겐을 마시자라고 건강보조식품이 광고하는 것이다.

그렇다면 먹고 마신 콜라겐이 그대로 몸속의 콜라겐이 되어 피부의 탱탱함을 유지해 줄까? 그건 불가하다. 왜냐하면 콜라겐도 다른 단백질과 마찬가지로 위나 장에서 아미노산이나 펩타이드로 분해되기 때문이다. 콜라겐이 분해되어 만들어진 아미노산 중 일부는 콜라겐을 생성하는 데 사용되긴 하지만, 당연히 다른 단백질의 합성에도 사용된다. 따라서 콜라겐을 섭취한다고 콜라겐만 늘어나지는 않는다.

이것은 고등학교에서는 물론 중학교에서도 배우는 생물학의 기초다. 이런 지식이 있으면 굳이 비싼 돈을 들여 건강보조식품을 먹는 것보다 맛있는 고기를 먹는 쪽이 훨씬 이치에 맞는다는 사실을 알 수 있다. 애초에 믿음이 중요하니까, 콜라겐을 섭취함으로써 젊음을 되돌릴 수 있다고 믿고 행복해질 수 있다면(이를 플라시보 효과라 한다) 그에 대해 굳이 비판의 목소리를 높일 필요는 없겠지만, 여기에서는 조금 다른 관점으로 현상을 바라보고자 한다.

아웃풋을 만드는 훈련

콜라겐을 즐겨 먹는 많은 이들도 과거에 앞서 말한 생물학의 기초 지식을 학습했을 것이다. 하지만 그것은 서랍 깊은 곳에 숨은 채 실제 장면에서는 얼굴을 드러내지 않는다. 공부하는 장면과 그것을 활용하는 장면이 괴리되어 있다. 혹은 정보를 지식으로 활용하는 장면을 상정하지 않은 채 단순한 정보로만 머리에 담을 뿐이다.

공부할 때는 단순히 정보를 머리에 집어넣는다. 그리고 시험 문제의 해답을 구할 때만 밖으로 내보낸다고 생각한다. 학생뿐만 아니라 선생도 막연히 그렇게 생각하고 있다. 시험 문제에는 답할 수 있지만, 실제 생활 속의 본래 그 지식을 활용해야 하는 장면에서는 과거에 기억한 지식이 얼굴을 내밀지 않는다. 학교에서 배운 것은 학교에서만 의미가 있다는 암묵적 규칙에 사로잡혀 있기 때문이다.

그렇게 끄집어내지 않는 정보를 과연 지식이라 말할 수 있을까. 인풋된 정보는 현실의 장면에서 꺼내 활용해야만 처음으로 의미를 지닌다. 꼭꼭 숨겨진 정보는 아무런 가치도 없다. 그런 활용은 언제나 현실의 장면에서 '응용'되어 본래의 형태와 다른 무언가로 변환되어 이루어진다. 배운 정보를 그대로 활용할 기회는 거의 없다. 당연하지만 학교 수업에서 실생활에서 만날 수 있는 다양한 변수를 전부 가르치는 건 불가능하다.

인풋된 1차 정보에 어떤 계수를 붙여 실제 장면에서 응용 가능한 정보로 변환하면 좋을까. 그것이야말로 지식의 활용이다. 앞서 말한 '지의 체력'이란 이처럼 현실의 장면에서 응용할 수 있는 정보 활용의 기초 체력을 말한다.

콜라겐은 단백질이다. 이것은 누구나 아는 정보이자 지식이다. 이를 정보1이라고 하자. 단백질은 아미노산이 연결된 끈(혹은 사슬) 모양의 형태가 접힌 채로 삼차원적 구조를 지닌 것이다. 이것도 중고등학교에서 배우는 지식이다. 이것을 정보2라고 하자. 단백질을 먹으면 위나 장에서 아미노산이나 펩타이드로 분해되고, 소장에서 흡수된 아미노산은 단백질을 만드는 원료로서 새로운 단백질로 흡수된다. 여기까지는 고등학교에서 학습하는 내용으로, 이를 정보3이라고 하자.

한편 노화로 인해 콜라겐의 합성량이 줄어들고 피

부 안쪽에 있는 콜라겐의 양이 감소해 피부가 처지고 주름이 생기는 원인이 된다. 이것도 옳다. 정보4다. 그렇기에 콜라겐을 먹자 혹은 마시자라는 결론은 옳을까? 이것이 시험에 나오면 아마도 많은 학생이 '아니다'에 체크할 것이다.

하지만 건강보조식품으로서 콜라겐은 잘 팔린다. 여러 회사에서 판매하고 있다. 왜일까?

정보4가 주어졌을 때 서둘러 콜라겐을 섭취하려 드는 것은 정보1에서 정보3까지가 서랍 속 깊숙이 숨어서 건강보조식품을 사러 갈 때까지 얼굴을 내밀지 않기 때문이다. 본래라면 정보4를 들었을 때 정보1과 정보2에 정보3을 더해, 그렇다면 맛있는 고기를 먹는 쪽이 낫다고 생각하는 것이 타당한 정보 처리다. 그런데 그러지 못한다. 학교에서 배운 지식은 현실과는 다른 영역에 숨겨져 있기 때문이다. 학교 공부는 어디까지나 시험이나 수험을 위한 것이라는 선입관이 자리 잡고 있어 현실 생활에서 정보가 밖으로 나오지 않고 잠들어 있다.

현재 학교 교육은 배워서 머리에 집어넣는 인풋에 과하게 치우쳐 있으며, 그것을 꺼내는 아웃풋을 훈련하는 시간이 너무 적다. 단백질은 아미노산이 배열된 것으로, 이것을 폴리펩타이드라 부른다고 가르친다 치자. 이때 조금 옆길로 새서 식사할 때 어떻게 단백질을 섭취하는지, 섭취한 단백질이 어떤 식으로 이용되는지 등 일상생활과 밀접한 잡담을 하면 그 지식은 필요할 때 얼굴을 내밀 것이다. 숨겨진 채 어떻게 아웃풋하면 좋을지 알 수 없는 정보는 결코 지식으로서의 가치를 갖지 못한다.

지의 스펙트럼

언어학자 오노 스스무의 말이 강하게 기억에 남아 있다. 그는 고어古語 사전을 편집하고 고대 일본어는 고대 타밀어를 기원으로 한다는 설을 주창하는 등 일본어 연구자로서 많은 업적을 남긴 학자다. 그의 저서 중에 『일본어 연습장』이 있다. 조금 길지만 의미 있는 내용이 있어 여기에 인용해 보겠다.

사람들은 종종 어휘가 많은지 적은지에 관해 말하곤 하는데, 과연 인간은 어느 정도의 단어를 사용할까.

예를 들어 신문이나 잡지에서 사용하는 단어는 연간 대략 3만 개라고 한다. 하지만 그중 50~60퍼센트는 연간 사용 횟수가 한 번이다. 즉 절반 정도의 단어는 신문이나 잡지에서 1년에 두 번도 볼 수 없다. (……) 살아가는 데 필요한 단어는 3천 개 정도다. 이 정도면 적당히 살아갈 수 있다. 이것이 이른바 기본어다. 그럼 3천 단어만 알면 될까. 언어생활을 제대로 영위하기 위해서는 3천 단어로 충분하지 않다. 앞서 말한 것처럼 3만에서 5만 정도의 단어 중 절반 정도는 실제로 신문에서도 1년에 한 번도 사용되지 않는다. 평생에 한 번밖에 만나지 못할지도 모른다. 하지만 1년에 한 번, 평생 한 번밖에 만나지 못하는 단어를 제때 적절하게 사용할 수 있을지 없을지가 중요하다. 제때 적확한 단어를 사용할 수 있어야만 바람직한 언어생활을 누릴 수 있다. 10만 개의 어휘를 안다 해도 평생에 걸쳐 한 번밖에 사용하지 않거나 어쩌면 평생 한 번도 사용하지 못할지 모른다. 하지만 그렇다고 필요하지 않은 것은 아니다. 우리는 그 한 번을 위해 단어를 축적해야 한다.

앞에서 나는 현실의 장면에서 응용할 수 없는 지식은 지식으로서의 가치가 없다고 말했다. 그 생각은 변함없다. 하지만 지식은 반드시 무언가에 도움이 되리라는 전제로 배우는 것이 아니다. 오노 스스무의 말처럼 1년에 한 번은커녕 평생에 한 번 사용하면 다행이고 평생 사용하지 않을 지식도 있을지 모른다. 하지만 평생에 한 번 있을지 없을지 모르는 가능성을 전제로 지식을 쌓아 두는 것은 자신의 자신감으로 이어질 수 있다.

필요할 때 적절히 사용할 수 있는 어휘 혹은 지식이 있는지 없는지는 스스로에 대한 신뢰와 직결된다. 보유한 지식으로 세상에 어떻게 대응해 나갈지 알 수 있다. 적극적으로 맞설지, 소극적으로 위축될지 결정하는 요소가 될 것이다.

배우려는 지식을 도움이 되는지 아닌지의 기준으로만 바라보면 그 지식은 사전에 예상할 수 있는 장면에서밖에 위력을 발휘하지 못한다. 중요한 것은 현실 세계에서 어떤 문제가 실제로 발생했을 때 자신이 가진 지식과 정보를 총동원해 어떻게 대처하면 좋을지 그때그때 생각하는 것이다. 그런 상황에 직면했을 때 어떤 식으로 자신이 가진 지식의 조각을 동원해 극복할 것인

가. '지의 체력'이란 그야말로 이 같은 지식의 활용 방식, 동원 방식을 말한다. 이미 알고 있는 '지의 스펙트럼'이 넓으면 넓을수록 동원할 수 있는 화살이 많아진다는 것은 굳이 말할 필요도 없으리라.

6

'나'는 세계와
연결되어 있다

단기 파견 시스템을 만들다

교토대학 시절부터 우리 연구실에 석사과정으로 들어온 대학원생을 우선 3개월간 외국의 일류 연구실에 파견하는 독자적인 시스템을 만들어 왔다.

교토산업대학으로 옮기고 나서도 그 시스템을 계속 운용하고 있다. 2014년에 우리 연구실의 석사 1년 차인 대학원생 S군을 미국으로 보냈다. 시카고와 가까운 에번스턴이라는 도시에 노스웨스턴대학이 있는데, 그곳의 리처드 모리모토 교수 연구실에서 연구를 하게 됐다.

모리모토 교수는 나와 30년 정도 된 오래된 친구

로 일본계 3세이지만 일본어는 하지 못한다. 알츠하이머병이나 파킨슨병 등은 일반적으로 신경변성질환이라 불리는데, 그는 단백질의 변성이나 고령에 따른 신경변성질환 연구에 관한 세계적인 권위자다.

교토대학 재생의과학연구소에 있을 때부터 이런 파견 시스템을 운용해 왔으니, 꽤 긴 시간 동안 수십 명의 대학원생을 보내 온 셈이다. 우선 대학원생으로 연구를 시작하기 전에 파견을 보내는 것에 의미가 있다고 생각한다. 처음에는 연구의 기본도 모르는 학생을 받아 주는 연구실이 과연 있을까 걱정했지만, 의외로 많은 연구실에서 승낙해 주었다. 외국에는 '서머 스튜던트'라는 제도가 있어 여름방학 동안 각국의 학생을 받아 실험이나 연구를 경험하게 해 주는 시스템에 익숙하다고 한다. 내가 주로 파견하는 곳은 내 오랜 친구가 운영하는 연구실이다. 모두 내가 신뢰하고 경의를 품고 있으며 해당 분야에서 최고 수준이다.

항공료와 3개월간의 체재비는 내가 받는 과학연구비로 지급한다. 훌륭한 시스템이 아니냐며 문부과학성과 교섭한 적이 있지만, 이 시스템을 제도화하는 데는 이르지 못했다. 그래서 어쩔 수 없이 내가 직접 비용을 부담하고 있다.

단기 파견의 목적은 두 가지다.

우선 첫 번째는 영어밖에 통하지 않는 환경에서 어떻게든 살아남는 경험을 하는 것이다. 내가 해외에서 유학한 것은 서른여섯일 때로 상당히 늦은 시기였다. 나의 스승인 교토대학 흉부질환연구소의 이치카와 야스오 교수는 영어를 아주 싫어했다. 그것도 꽤 심각할 정도로.

영어 울렁증

이치카와 교수는 백혈병 세포가 정상적인 세포로 분화하는 케이스를 연구했으며, 세계적으로도 널리 알려진 연구자였다. 실제로 내가 기업 연구소를 그만두고 이치카와 교수의 연구실에 들어간 것도 그 연구에 끌려서였다. 언젠가 학회에 초대받아 일본을 찾은 한 저명한 독일 교수가 교토대학에 들렀다. 그는 이치카와 교수의 논문을 읽고 그를 꼭 만나고 싶다고 했다. 그런 그의 바람이 우리 흉부질환연구소에도 전해졌다.

보통이라면 반가워하며 만나러 갈 테지만 이치카

와 교수는 기뻐하지 않았다. "아, 싫다 싫어. 나가타 군이 대신 좀 만나고 오면 안 될까?" 나 또한 외국인 콤플렉스가 심했기에 당연히 "싫어요. 그 교수는 이치카와 교수님을 만나고 싶다잖아요"라며 거절했다. 교수님도 물러나지 않고 "그럼 가위바위보로 결정할까"라고 제안해 결국 교수실에서 둘이 가위바위보를 하게 됐다. 결국 가위바위보에서 진 이치카와 교수는 마지못해 독일 교수를 만나러 갔다.

그 정도로 이치카와 교수는 영어 울렁증이 심했다. 오스트레일리아의 국제 학회에 초대되었을 때는 줄곧 자신의 방에서 시간을 보냈고, 자신의 강연이 있을 때가 아니면 회장에 아예 가지 않았다고 한다. "다음 학회부터는 안 불러 주더라"라고 했는데, 그것도 당연한 일이 아닐까. 미국 국립위생연구소NIH 소속으로 노벨상 후보에도 오른 교수가 찾아와 이치카와 교수에게 NIH에서 강연해 달라고 부탁했을 때는 순간적으로 말이 나오지 않아 "I don't like NIH!"라고 했다고 한다. "잠시 후에 농담을 한 것처럼 아하하 웃어 줬어!"라고 멋쩍어하며 이 이야기를 들려주었다.

이런저런 일을 겪고 나서 나도 서른여섯에 NIH로

유학을 떠나게 됐다. 외국에 나가는 것도 처음인 데다 외국인과 영어로 말하는 것도 완전히 처음이었다. 나 또한 이치카와 교수의 영향을 받아 영어 울렁증이 있었고, 2년간 미국에서 지냈는데도 영어는 조금도 능숙해지지 않았다. 그래서 이치카와 교수를 반면교사로 삼아 내가 교수가 되고 나서는 연구실에서 영어를 접할 기회를 가능한 한 늘리려 많은 고민을 했다.

석사 1년 차에 단기 유학을 보내는 것도 그 일환이다. 모험이긴 하지만 어쨌든 일본어가 통하지 않는 곳에 던져 놓는 것이다. 필요하다면 제스처든 뭐든 자신의 의지를 상대방에게 전해야만 살아갈 수 있다. 자식을 절벽 아래로 떨어뜨리는 어미 사자의 심정이랄까. 유학을 보낼 곳을 정할 때는 그곳에 일본인 유학생이 없어야 한다는 것도 조건 중 하나로 삼았다.

겸손함은 필요 없다

다만 그보다 더 중요한 목적이 있다. 바로 논문에서밖에 본 적 없는 외국의 첨단 연구실은 어떤 분위기인지, 어떤 모티베이션을 가지고 연구를 진행하는지 실제로 경험하도록 하기 위해서다.

아직 연구를 제대로 시작하지도 않은 학생을 단번에 세계에서 최고 수준인 연구 환경에 던져 놓는 것은 꽤 큰 모험이긴 하지만 그 효과는 놀랍다. 그 효과를 하나하나 전부 말하기에는 지면이 부족하지만, 하나만 콕 집어 말하자면 도저히 손이 닿을 것 같지 않던 최전선의 연구가 실은 자신과 그다지 멀리 있지 않음을 실감하고 돌아오는 것이다. 이에 관해서는 뒤에 다루도록 하겠다.

강의를 통해 배우는 지식은 먼 세계에서 찾아온 지식이다. '배운다'는 것은 세계의 '위대한 사람'이 이룩한 발견을 일방적으로 자기 안에 받아들이는 형태로밖에 실현되지 않는다. 논문 등에서밖에 이름을 보지 못하는 바다 건너 먼 곳에 있는 연구자는 도무지 손이 닿지 않는 높은 곳에 있는 사람이라고 생각하게 된다.

커다란 손 아무렇지도 않게 나한테 내미네, 이 석학은

멀리멀리 찾아와 교실 문으로 들어서는 내 마음이 가라앉네

－ 사이토 모키치, 『원유』遠遊

　　1922년 빈에 있는 신경학연구소에서 유학할 때 사이토 모키치*가 쓴 시다. 먼 동쪽의 후진국에서 의학 분야의 메카였던 독일로 유학을 떠난 젊은이(사이토는 이미 서른아홉 살이었지만)의 조심스러운 태도가 웃음을 자아낸다.

　　이 시에 나오는 석학이란 마르부르크 교수를 말하는데, 도저히 손이 닿지 않는 학자라고 생각했던 교수가 아무렇지 않게 악수를 청해 온 것에 무척이나 감격한 듯 보인다. 두 번째 시는 멀리멀리 찾아온 연구소의 문을 들어설 때, 어쩔 수 없이 자신의 마음이 '가라앉는다'라고 읊고 있다. 자신 따위가 이런 대단한 곳에 있어도 될까 하는 마음이었으리라.

　　거의 100년 전 일이니 사이토 모키치가 그렇게 느낀 것도 무리는 아닐 것이다. 일본의 과학은 서구와 비교하면 아직 꽤 뒤처진 채였다. 하지만 이렇게 '가라앉는' 경향은 젊은 세대 사이에 아직도 많든 적든 남아 있다. 지금은 해외에 나가는 것 자체가 그렇게 진귀한 경험이 아니다. 하지만 실제로 그런 연구소에 가 본 적이

---

* 정신과 의사이자 시인.

없기에 그곳은 손이 닿지 않는 곳이자 지식수준에서도 멀리 떨어진 별세계라 의식하게 된다. 이는 영어라는 장벽과 더불어 많은 젊은 세대에게 아직 잔재처럼 남아 있다.

초등학교부터 계산하면 10여 년, 어떤 학생이건 일방적으로 배우는 것에 너무 익숙해져 있다. 지식은 건너편 세계의 것이자 자신이 관여할 것이 아니라고 마음 깊숙이 새겨 왔다. 당연한 귀결로 교과서에 적힌 내용은 자신의 손이 닿을 리 없는 것, 무척이나 먼 세계의 것이라 생각한다. 방대한 지식 체계 앞에서 위축되어 버린다.

내가 일상적으로 젊은 학생들을 접하며 가장 답답하게 느끼는 것이 바로 이러한 소극적인 자기규정이다. '나는 도저히'라며 시작도 하기 전에 포기해 버린다. 그렇게 생각함으로써 일체의 비판 정신을 의식 밑으로 억눌러 버린다. 자신 따위가 앞선 이들의 연구나 이론을 비판하는 것은 불가능하다고 믿는다.

하지만 학문이나 연구의 세계에 어느 정도 지식을 쌓기 전에는 비판해선 안 된다는 규정 따윈 없다. 비판이나 고찰은 모든 것을 아는 거장이 아니라 아직 그 세계의 상식에 물들지 않은 신인이나 젊은이가 해야 더욱 큰 영향이 있다. 무언가에 사로잡히지 않은 젊은 정신만이 '패러다임의 전환'이라 부를 만한 새로운 사고의 틀을 형성할 수 있다.

배우고 나서 시작할까, 일단 시작한 후에 배울까

마찬가지로 연구는 혹은 조금 더 넓게 학문은 앞선 이들의 '지식'을 제대로 몸에 익히고 나서 해야 한다고 생각하는 경향이 있다. 이과생의 경우 연구는 대학원에 들어가고 나서 혹은 3학년 후반에 연구실 배속을 받고 나서 혹은 졸업 연구를 부여받고 나서 해야 한다고 생각하는 학생이 대부분이다. 연구를 시작하기에 자신의 실력은 아직 부족하다고 느낀다. 우선 강의를 듣는 것에 집중하고, 연구실에 들어간 다음에 연구나 실험을 시작하면 된다고 믿는다.

하지만 실험은 석 달간 선배에게 달라붙어 배우면 어느 정도 할 수 있다. 필요한 지식을 얻고 나서 연구 생활에 들어가려고 생각하면 시간이 아무리 지나도 연구를 시작할 수 없다. 필요한 지식이란 현장에서 그때그

때 조사해 얻어야 가장 몸에 익히기 쉽다. 그저 막연히 책상에 앉아 강의를 듣는 것만으로는 현장에서 정말로 필요한 지식을 자신의 것으로 만들 수 없다.

나의 이런 부추김이 잘 먹힌 탓인지 지금까지 교토대학과 교토산업대학 학생 중에는 2학년이나 3학년 때부터 연구실을 찾아와 실제로 연구를 시작한 학생이 몇 명이나 있었다. 그중에는 학부생으로 영문 일류 잡지에 논문을 게재한 후 졸업한 학생도 있었다.

충분한 지식을 익히고 나서 연구를 시작하는 것이 아니라 연구를 하면서 그때그때 필요한 지식을 얻어 나가는 것, 이것이 지식에 대한 가장 올바른 접근법이 아닐까.

학부생이면서 스스로 연구실을 찾아와 연구를 시작하는 기특한 학생은 대환영이다. 반면 대학원에 입학한 후에도 지시받은 것이 아니면 하지 않는 대학원생은 참으로 난감하다.

우리 때는 전국적으로 봐도 대학 진학률이 그다지 높지 않았다. 그래서 대학에 들어갈 때 그만큼의 각오가 필요했다. 지금은 고등학교에서 대학으로 가는 코스가 일반화되었고, 대학에 들어가는 것 자체가 당연하게 여겨지는 듯하다. 그보다 곤란한 것은 특히 이과의 경우 대학원 석사과정이 취직을 위한 학원 같은 분위기를 풍기기 시작한 것이다. 국공립과 사립을 불문하고 이러한 경향이 최근 현저해지고 있다.

확고한 목적의식 없이 때로는 더 좋은 취직자리를 찾기 위한 수단으로, 때로는 사회인이 되는 것을 조금 뒤로 미루고 싶다는 모라토리엄의 의식하에 대학원 진학을 선택하는 것처럼 보일 때가 많다. 이렇게 대학원에 들어온 학생은 적극적으로 질문을 던지고 문제를 발견해 실험을 설계하기보다 교수에게 테마를 부여받기만 기다리는 경우가 많다.

대학원은 연구하는 곳이다. 일방적인 배움에서 능동적인 연구로 사고를 완전히 전환하지 못하면 그곳에 적을 두는 의미가 없다. 대학원에서는 어디까지나 '스스로 연구한다'는 것이 기본이다. '배운다'에서 '스스로 묻고 행하는' 연구로의 의식 전환이 그리 간단하지는 않지만 무엇보다 필요하다.

내가 석사과정에 들어온 대학원생을 무리해서 처음부터 해외로 보내자고 마음먹은 것은 그런 위기의식 때문이기도 하다.

세계에서 최고 수준인 연구실에 머물며 그들과 논의하고 연구한다. 3개월 동안 과학적인 성과는 얻을 수 없다 하더라도 보다 중요한 것을 얻고 돌아온다. 그것은 '뭐야, 우리가 하는 것과 별반 다르지 않잖아'라는 실감이다.

도저히 손이 닿지 않는다고 생각했지만 실제로는 일본에서(나가타 연구실에서) 하는 것과 같은 것을 하고 있다는 깨달음, 이것은 자신이 세계와 이어져 있다는 사실을 깨닫는 것이다. 그 실감과 자신감은 이후 연구를 추진하는 큰 힘이 된다. 이렇게 '세계와 나는 같은 지평선에 서 있다'라는 인식, '뭐야, 나도 할 수 있는 거 아니야?'라는 실감을 얻고 돌아오는 것이야말로 몇 년에 걸쳐 내가 진행 중인 사소한 시험의 최대 성과다.

이곳이 전부가 아니다

나는 학생을 파견할 때마다 그곳이 마음에 들면 딱히 돌아오지 않아도 된다고 전한다. 일본에서 연구하는 것만이 능사가 아니기 때문이다. 그래도 대부분 3개월이 지나면 나름대로 만족한 얼굴로 돌아온다. 모티베이션이 무척 높아진 상태라는 것을 오랜만에 만난 얼굴만 봐도 알 수 있다. 세상에 나가 싸우고 왔다는 패기마저 느껴질 때가 많다. 그 높아진 모티베이션이 그다지 길게 가지 않는 것이 안타깝지만 말이다.

하지만 그중에서 내 충고를 충실히 따른 대학원생이 한 명 있었다. 교토대학 시절 마지막으로 파견한 대학원생이었다. 미국 서북부의 포틀랜드에 있는 대학에 파견한 I군이 그 주인공이다. 그는 사립대학을 졸업한 후 우리 연구실에 석사과정으로 입학했다. 처음 왔을 때부터 평범한 인상은 아니었다. 좋게 표현하면 대범하다고 할까, 작은 것에 집착하지 않고 무척이나 밝은 성격인 점이 마음에 들었다.

3개월이 지났을 무렵 그에게서 메일이 왔다. 추가로 3개월 연장을 해도 좋을지 묻는 내용이었다. 연장은 처음이었지만 선례가 되지 않을까 해서 체재비 지급을 포함해 승낙했다. 그로부터 3개월 후, 이번에는 건너편의 교수로부터 메일을 받았다. I군의 체재를 1년간 연장할 수 없겠느냐는 요청이었다. 체재비는 자신들이 부담한다고 했다. I군 본인도 그쪽 생활이 마음에 든 듯했고, 교수도 그의 능력을 높이 산 것 같았다. 딱히 거절할 이

유도 없었기에 교토대학에서의 학점 문제 등 몇 가지 제반 사항을 해결한 후 승낙했다.

석사과정이 끝날 무렵 I군은 교토로 돌아와 석사 논문을 써냈다. 이미 영문 논문은 완성했다고 했다. 물론 석사 학위 심사는 합격했다. 2개월 정도 교토에 머물며 석사 논문을 써서 공청회에서 발표하고 합격을 인정받자, I군은 다시 갔다 오겠다며 서둘러 미국으로 가버렸다. 이른바 3년의 닥터 코스(박사 후기 과정) 동안 그는 한 번도 돌아오지 않고 그쪽에서 연구를 계속해 수 건의 논문을 발표했다. 역시 박사과정이 끝날 때쯤 한 달간 교토에 머물며 박사 논문을 써서 공청회에서 발표해 박사 학위를 따고 다시 당연한 듯 미국으로 돌아갔다. 이번에는 그야말로 '돌아갔다'라는 표현이 어울릴 정도로 자연스러운 발걸음이었다. 완전히 그쪽 사람이 된 것이다.

결국 우리 연구실에서는 한 번도 연구하지 않은 채 교토대학의 학위를 취득한 것이다. 테마가 콜라겐과 비슷해서 나와 공동 연구를 하기도 했지만, 나는 그가 자연스레 미국에 익숙해져 연구하는 모습을 자랑스럽게 여기며 훌륭하다고 생각한다.

세상은 바라기만 하면 바로 내 앞에 있다. 그곳에 나가기를 꺼릴지, 아니면 해 보고자 한 발 내딛을지 결단하기에 달렸다. 그는 이후에도 훌륭한 연구를 계속했고, 머지않아 영국에서 독립 연구실을 차리게 됐다. 우리 연구실을 졸업한 학생 중에 미국에서 독립 연구실을 차린 여학생도 한 명 있는데, 이렇게 해외로 활동 거점을 옮겨 활약하는 학생이 있다는 것은 내가 진정으로 바라던 바이며 기쁘기 그지없는 일이다.

＝

자신의 가능성을
스스로 잘라내지 않는다

1

실패 경험이야말로
중요하다

대학교수가 친절해졌다

더욱 정성껏 가르치고 낙오하는 사람이 생기지 않게 신경 쓰며 교육력을 높인다. 즉 가르치는 쪽의 기술 향상에 어떤 대학이건 이름을 걸고 노력한다. 이를 나쁘다고 말하면 선생 실격이라는 말을 들을 것이다. 다만 꽤 반어적이긴 하지만 적어도 대학교수는 너무 친절해서는 안 된다.

물론 의무교육인 중학교까지, 나아가 고등학교까지의 교육에서 그것은 필수 요건이자 중요한 문제다. 고등학교까지의 교육에서도 당연히 쭉쭉 뻗어 나가는 아이를 더욱 크게 키우는 노력이 필요하며, 그런 아이의 머리를 억누르는 교육을 해서는 안 된다.

하지만 소수의 뛰어난 아이에게 기준을 맞춘 교육은 고등학교까지의 시스템에서는 상당히 무리가 있다. 20명에서 30명의 학생을 한 명의 교사가 가르치는 수업에서는 내용을 따라오지 못하는 아이를 신경 쓰기가 어렵기 때문이다. 어떻게든 낙오하는 학생이 생기지 않도록 배려할 수밖에 없다.

한 명의 돌출보다는 모두가 목표를 넘어서는 것이 초중등 교육의 기본이다. 모두에게 같은 텍스트를 주고 같은 기회를 부여한다. 가령 그 텍스트를 이미 충분히 습득하고 한 단계 올라갈 수 있다 하더라도, 학습 지도 요령에 중학교는 여기까지, 고등학교는 여기까지라고 세세하게 규정되어 있다. 그 이상의 정보가 들어 있는 교과서는 만들어서도 사용해서도 안 된다. 모두에게 평등한 교육으로, 뛰어난 아이에게는 따분하고 다소 뒤떨어지는 아이에게는 괴로운 수업이 반복된다.

그것은 어쩔 수 없는 일이기도 하며, 그것으로도 충분하다. 문제는 대학에서도 그런 방식이 필요한가 하는 것이다. 나는 대학에서는 낙오자가 생겨도 괜찮다고 생각한다. 대학에서는 모두가 낙오하지 않을 만한 수준을 설정해 강의할 필요가 없다. 가령 소수라도 그 분야에 정말로 관심이 있는 학생을 만들어 내고, 그들이 자신의 재량으로 더욱더 다양한 지식을 얻을 수 있는 체제를 구축해야 한다.

그리고 반대로 대학에서 '낙오'하는 경험을 하는 것은 무척 중요하다. 모두가 한 번도 좌절한 경험 없이 대학을 졸업하고 사회로 나간다. 이것은 정말 무서운 일이 아닐까.

사회인이 되고 나서 처음으로 낙오를 경험하고 어떤 의미에서는 되돌릴 수 없는 상태에서 궁지에 몰리는 것은 정신적으로도 극히 위험하다. 낙오 경험은 대학 시절에 해 두는 편이 좋다. 이것이 내 지론이다.

삼중고를 만나다

나는 대학 이학부에 입학해 물리학과에 들어갔다. 고등학교에서는 물리를 좋아했고 수학에서 미분 적분이 재미있었다. 뉴턴의 운동방정식과 미분 적분만 있으면 세상의 모든 것을 풀 수 있다고 호언장담했다. 교토대학에 유카와 히데키* 교수가 있다는 사실만으로 그 대학

---

* 일본인 최초로 노벨 물리학상을 수상한 이론물리학자.

이학부에 지원했다. 그것 말고는 생각하지도 않았다.

꽤 좋은 점수로 입학했지만 3학년이 되고 나서 맥없이도 물리 과목에서 낙제하고 말았다. 그 원인을 나는 삼중고라고 말한다. 1970년 대학 분쟁으로 대학이 폐쇄되어 1년 정도 강의가 열리지 않았던 점, 단카短歌*라는 표현 수단을 만나 거기에 빠져들어 대학 단카회, 동인지, 결사지結社誌에 동시에 가입해 단카에 중독된 점, 덤으로 시인인 연인을 만나 사랑과 시가 결합되어 버린 점이다. 이래서는 물리 따위가 눈에 들어올 리 없었다. 낙제도 당연한 결과였다.

그렇게 좋아했던 적분도 허수축 주변의 적분 등 뭔가 의미를 알 수 없는 내용이 나오기 시작할 무렵에는 두 손 두 발 다 들고 말았다. 당시에는 대학 분쟁 탓에 유급을 거쳐 대학을 5년간 다니는 건 드문 일이 아니었다. 나도 마찬가지로 5년간 이학부에 있었다. 대학원을 떨어지고 나서 어쩔 수 없이 취직하기로 정한 것이 5년 차의 12월, 곧 졸업을 앞둔 때였다. 되는대로 정한 진로였지만, 그럼에도 어떻게든 기업 연구소에 취직할 수 있었던 것은 당시가 취업 호황기였기 때문이다. 그렇지 않았다면 더욱 비참한 상황이 벌어졌으리라.

---

* 하이쿠와 더불어 일본의 전통 시가를 대표하는 단시.

그런데도 학문의 길에 남고자 한 계획이 꺾인 채 취직을 위해 도쿄로 향할 때는 정말로 낙담했다. 당당히 취직했다는 기쁨보다 좌절감에 사로잡혀 아무런 희망도 없는 상경이었다.

안전을 택할지, 재미를 택할지

결과론이지만 이 실패 경험은 이후 진로 선택에 큰 영향을 끼쳤다. 어쩔 수 없이 취직한 기업 연구소였지만, 그곳에서 우연히 바이오 분야를 연구하게 되어 약을 개발하기 위한 기초연구에 종사하게 된 것이다. 그때 처음으로 연구와 학문의 재미에 눈을 떴다. 그렇게 과학 분야에서 본격적으로 일하게 된 후, 스물아홉이 되던 해 가을에 큰맘 먹고 회사를 그만두었다. 대학으로 돌아가 연구자가 되고자 결심한 것이다.

당시에는 결혼도 했을뿐더러 각각 한 살 세 살인 아이도 있었다. 대학으로 돌아간다 해도 월급이 나오지 않는 무급 연구원으로 들어가는 것이었다. 연구자의 세계는 몇 년간 무급으로 열심히 노력하면 이후에 정직원이 될 수 있다는 보증도 전혀 없는 세계다. 일반적인 판단으로 보면 세상을 몰라도 한참 모르고, 무모할 뿐 아니라 무책임하다고 볼 수밖에 없는 선택일 것이다.

하지만 당시의 나는 그리고 다행스럽게도 내 아내는 그 정도의 비장감이 없었다. 보통이라면 그런 새로운 삶의 방식에 매력을 느끼긴 해도 너무 위험하다며 스스로를 멈추는 힘이 작용할 것이다. 물론 나도 그런 불안이 없었다고 하면 거짓말이겠지만, 연구하고 싶다는 충동이 더욱 강하게 나를 움직였다.

천성이 낙천적이기도 하지만 '어떻게든 되겠지'라며 대담하게 나설 수 있었던 데에는 학생 시절의 실패 경험이 영향을 주었을지 모른다. 가령 일시적으로는 실패한 것처럼 보여도 그것을 만회할 기회는 반드시 찾아온다.

무언가 삶의 방식을 선택해야 할 때 혹은 그 정도로 중대사는 아니더라도 자신의 생활이나 연구와 관련된 선택을 해야 할 기회가 찾아왔을 때 '안전한 쪽과 재미있는 쪽' 가운데 어느 쪽을 우선할지는 그 사람의 삶의 방식에서 매우 커다란 의미를 지닐 것이다. 특히 진로 선택과 관련된 경우에는 이후 인생을 어떻게 보낼지와 직결되는 문제다.

나는 학생들에게 두 가지 중 하나를 선택해야만 할 때는 우선 '재미있는 쪽'을 택하라고 말한다. 재미있는 쪽부터 선택하면 대개 제대로 풀리지 않고 다른 선택으로 내몰리는 경우가 많을 것이다. 하지만 그렇게 실패한다 해도 끝이 아니다. 선택을 바꿀 수밖에 없다 해도 너무 늦은 것은 아니다.

하지만 처음부터 안전한 쪽을 택한다면 무언가가 변할 가능성이 극히 적다. 언제나 안전한 쪽만 선택하면 그 사람의 인생은 점점 작아진다. 그것은 견디기 힘들 정도로 지루하지 않을까. 물론 기질에 따라 각자의 생각이 다를 수 있지만, 일단 자신의 가능성에 도전해 보는 것은 한 번밖에 없는 '자신만의 인생'을 살아가는 데 중요한 의미를 지닐 것이다.

2

다양성이야말로
가치가 있다

액티브 러닝

대학은 마지막 교육기관이다. 그 마지막 장소에서까지 일방적으로 '주는' 형태의 교육을 하는 것은 옳지 않다.

『맹자』에 '군자는 활을 당기기만 하고 쏘지 않는다'라는 격언이 있다. 활을 끝까지 당긴 채 움직이지 않는다. 활 쏘는 법을 가르친다고 해도 실제로 쏘는 것까지는 가르치지 않는다고 해석할 수 있다.

어떤 식으로 손가락을 놓아야 화살이 제대로 날아가는지에 관한 기술론적인 부분은 물론 어떤 상대에게 활을 쏘아야 하는지에 관한 목적론적인 부분도 있을 것이다. 어느 쪽으로 해석하든 '너무 많이 주는' 교육은 해가 될 뿐이라는 점을 시사한다.

지금 일본의 대부분 대학에서는 FD 활동이 활발히 이루어지고 있다. Faculty Development의 약자다. 수업 내용이나 방법을 개선하고 향상하기 위한 교원의 조직적 활동이라고 정의할 수 있다. 대학 설립 기준에도 명기하도록 의무화됐다. 교원을 대상으로 좋은 수업을 하기 위한 세미나나 강습회를 개최하고, 공개 수업을 하거나 학생으로부터 평가 설문을 받아 수업 개선을 도모한다.

앞서 말한 바와 같이 교토대학에서 교토산업대학으로 옮기며 갑자기 학부장을 맡게 되었다. 당연히 교육과 관련된 다양한 회의에 참석하게 되었다. 그때 처음으로 발목을 잡은 것이 FD라는 단어였다. 서두에 적은 것처럼 실러버스라는 말조차 알지 못했을 정도이니 오죽했겠는가.

FD 활동에 굳이 반대 의견을 낼 필요는 없을지 모르지만, 솔직히 말하면 개인적으로 그다지 마음에 들지 않는다. 이런 것보다 더 중요한 것이 있지 않을까 싶다.

더욱이 최근에는 '액티브 러닝'이라는 말이 여기저기서 들려온다. 액티브 러닝이란 기존처럼 선생에게서 배우는 것뿐만이 아니라 학생 스스로 과제를 발견하고 해결하기 위한 주체적이고 협동적인 배움을 목표로 하는 교육을 말한다. 대학뿐 아니라 초등학교에서 고등학교에 이르기까지 그 필요성이 대두되고 있다. 액티브 러닝 자체에는 전혀 반대하지 않는다. 오히려 이 책을 통해 어떤 의미에서는 액티브 러닝을 추천하며, 나아가 그를 위한 정신적 측면에 관해 쓰고 있다고도 할 수 있다.

하지만 이렇게 전국에서 일제히 액티브 러닝을 주창하는 것이 과연 옳을까. 액티브 러닝은 개개의 교사 혹은 각각의 대학 현장에서 필요하다고 판단해 시작된 것이 아니다. 그저 문부과학성의 지시가 있었기에 어쩔 수 없이 혹은 이를 시작하는 다른 대학이 많아졌기에 뒤처지지 않기 위해 시작한 경우가 대부분이다.

교실 안을 돌아다니다

나는 교단에 가만히 선 채로 수업하지 않는다. 40~50명 규모의 세포생물학 강의에서는 물론 인문사회 계열 학생을 대상으로 한 300명 규모의 생명과학입문 강의에서도 내내 교실 여기저기를 돌아다닌다. 세포생물학이나 생명과학입문 강의에서는 칠판에 글씨를 쓰기보다 슬라이드를 사용하는 경우가 많기 때문에 굳이 칠판 앞에 서 있지 않아도 별 문제 없다. 슬라이드를 넘길 때도 요즘에는 포인터의 버튼을 누르면 된다. 물론 필요한 경우 서둘러 칠판까지 가서 판서를 할 때도 많지만 말이다.

내가 좋아하는 장소는 교실의 맨 뒤다. 맨 뒤에 서 있으면 한 명 한 명이 내 이야기에 어떤 식으로 관심을 보이는지 쉽게 알 수 있고, 무엇보다 몇 명 정도가 자는지 훤히 보인다.

일반 교실은 그렇지 않지만, 300명을 수용하는 대강당은 경사가 있어서 교실 뒤편으로 가는 게 일종의 등산에 가깝다. 한 강의가 90분인데, 최악의 경우 강의가 거의 월요일에 몰리기도 한다. 오전에 일반 교실에서 한 강의, 오후에 대강당에서 두 강의를 하는 날도 있다. 그러면 4시간 반을 걷는 셈이 되며, 더욱이 오후 3시간은 거의 등산이나 마찬가지다. 좋은 운동이라고 하면 좋은 운동이지만, 아무리 그래도 일흔 나이에 그렇게 쉬운 일은 아니다.

그렇게 쉽지 않음에도 무엇을 위해 교실을 돌아다니는가. 학생의 편한 잠을 방해하는 목적도 있지만 주된 목적은 질문에 있다. 가령 파스퇴르에 관한 이야기를 한다고 치자. "파스퇴르가 무엇을 한 사람인지 아나요?" 질문을 던진다. "와인을 만든 사람요." 답이 돌아온다. 그러면 "참 잘했어요"라고 하는 식이다.

"인간의 세포가 60조 개라고 하는데, 어떻게 이것을 알 수 있을까요?"도 자주 하는 질문이다. 마침 내가 지나는 옆자리에 앉은 학생에게 갑자기 물어보는 경우가 많지만, 답하지 못하면 차례로 앞뒤의 학생에게 묻는다.

대부분 확실히 기억해야 하는 주제에 관해 질문을 던지지만, 생각해 보면 내가 그저 좋아서 던지는 질문도 있다. 예를 들어 "여러분의 대변은 무엇으로 만들어져 있는지 아나요?" 같은 질문이다. 이렇게 얼핏 불쾌한 질문이 실제로는 꽤 좋은 효과를 발휘한다. 대변에 관한 질문은 가능하면 여학생에겐 안 하는 것이 좋다고 생각하면서도 앉은 자리에 따라 어쩔 수 없이 묻게 될 때도 있다. 분명 기분 나쁜 선생이라고 여기리라.

어찌 됐든 물어본다

"여러분은 청결한가요? 불결한가요?"라고 우선 묻는다. 대개는 "청결합니다"라는 답이 돌아온다. "그럼 여러분의 장 속에 박테리아가 산다는 건 아나요?"

몇몇이 "아니요"라며 고개를 젓는다.

"박테리아는 세균입니다. 그런데도 청결하다고 할 수 있나요?"라고 일단 농을 던진 후 "사실 여러분은 대장 속에 셀 수도 없이 많은 수의 박테리아를 키우고 있습니다. 어느 정도라고 생각하나요?" 하고 묻는다.

다들 지레짐작으로 1000개라는 학생도 있고, 5억 개라거나 100억 개라고 과감히 큰 숫자를 말하는 학생도 있다.

"사실 여러분의 대장 속에는 1000종에 총 1000조 개의 박테리아가 있습니다"라고 하면 오오 하고 조금 소란스러워진다. 이는 기쁜 일이지만, 안타깝게도 많은 학생이 이런 재미있는 사실에도 완전히 무관심하다.

"그저 존재하는 것이 아니라 우리에게 도움을 줍니다. 그들이 없으면 우리의 초기 방어 체제는 완전히 망가져 버리니까요." 나는 말을 잇는다.

"그래도 사실 전 몇 년 전까지는 사람의 대장 속에 100종에 100조 개의 박테리아가 있다고 말해 왔습니다. 하지만 측정 기술이 발달해 지금은 그 열 배의 박테리아가 있다고 밝혀졌죠. 전에 말한 것처럼 제가 하는 말이 언제까지나 계속 옳지는 않다는 겁니다." 못을 박아 둔다.

그리고 앞서 말한 대변 이야기로 넘어간다.

"대변의 고형 성분 중 3분의 1은 여러분이 답한 것처럼 음식의 잔재입니다. 그럼 나머지 3분의 2는 무엇일까요? 먼저 3분의 1은 소장 등의 점막 세포가 죽은 것입니다. 전에 소장의 가장 바깥을 덮고 있는 상피세포와 점막 세포의 수명은 이삼일이라고 말한 적이 있죠. 단기간 동안 활동할 만큼 활동하고 금방 죽어 버리는 상피세포의 사체입니다. 그리고 마지막 3분의 1이실은 여러분의 장 속에 있는 박테리아의 사체입니다."

"살아 있는 박테리아는 포함되지 않나요?" 누군가 한 명이라도 질문해 준다면 얼마나 기쁠까 생각하지만, 안타깝게도 지금까지 그런 질문을 한 학생은 없었다.

예를 들면 이런 식인데, 이것이야말로 진정한 액티브 러닝이 아닐까. 수업하면서 질문을 던져 학생이 직접 생각하고 의견을 말하게 한다. 어떤 경우에는 여러 답이 나오기도 한다. 그럼 왜 그런 다른 답이 나왔는지 생각하게 한다. 그야말로 '능동적 학습'의 일환이다.

외람된 말이지만 나는 이미 30여 년 전부터 이런 방식의 강의를 계속해 왔다. 이제 와서 대대적으로 액티브 러닝을 떠들어 대는 모습을 보면 혀를 절로 차게 된다.

애초에 어딘가에서 말을 꺼내면(주로 문부과학성이지만) 어디에서나 봇물 터지듯 일제히 목소리를 내는 것이 그다지 마음에 들지 않는다.

'좋은 선생만 가득하다'는 말의 수상함

대학이라는 공간은 다양한 사고방식을 허용하고 많은 가치관이 치열하게 경쟁하는 곳이다. 사상이나 정치 혹은 학파 같은 학문, 연구 내용이나 사고방식뿐만 아니라 교육 현장인 강의야말로 더더욱 다양화와 자유도가 요구된다. 누구나 인정하는 올바른 이념이나 목적이 있고, 모두가 그것을 실현하기 위해 함께 노력하는 자리여서는 안 된다. 기업이라면 그런 식으로 모두가 한 방향을 향해 힘을 합치는 것이 이상적이지만, 대학은 각기 다른 모습을 보여야 그 존재 의의가 있다.

FD 활동이나 액티브 러닝의 목적과 내용을 한마디로 정리할 수는 없다. 하지만 기본적으로는 어떤 선생이든 똑같이 학생에게 친절해야 하고, 최선을 다해 알기 쉬운 수업을 해야 한다는 것으로 해석할 수 있다. 이 '똑같이'라는 표현이 심상치 않다. 전부 둘러봐도 좋은 선생만 보이는 대학은 수상하기 그지없다.

어디를 봐도 비슷한 선생의 얼굴, 그것도 전부 우등생처럼 보이는 선생의 얼굴밖에 보이지 않는 대학에 과연 어떤 매력이 있을까. 대학의 재미는 대부분 선생의 개성에 좌우된다. 그런 선생의 개성이나 재미는 비정형성에서 나온다.

근엄하고 접근하기 어려운 선생부터 도저히 종잡을 수 없는 선생까지. 거의 친구처럼 대할 수 있는 선생도 있을 테고, 과도하게 학생을 불편하게 만드는 기분 나쁜 선생도 있을 것이다. 꽤 유명한데 강의 수준은 형편없어 도무지 흥미가 돋지 않거나 따라갈 수 없는 선생도 있을지 모른다. 그런 다양한 선생이 혼재된 대학이 매력적이지 않을까.

실제 사회가 그런 것처럼 다양한 선생 집단에서 어떤 선생은 자신과 잘 맞는다거나, 어떤 선생은 마음에 안 들어 최대한 땡땡이를 친다거나, 퉁명스럽다고 생각했는데 연구실에서 일대일로 말해 보니 무척이나 친절해 감동했다거나 하는 등의 다양한 만남이 있을 수 있다. 그런 가운데 어떤 것이 진짜인지 자신의 눈으로 판단하는 것도 강의를 듣는 것 이상으로 중요한 경험일지 모른다.

무엇보다 염려스러운 점은 대학이라는 마지막 교육기관에는 모두 훌륭한 선생뿐이라는 환상을 가진 채 사회로 나서는 것이다. 이는 무서운 일이다. 앞에서 논한 바와 같이 초중등 교육까지는 선생의 말이 올바르다는 전제가 아무런 문제도 되지 않는다. 하지만 대학에서도 선생이 언제나 올바르다는 신념에 아무런 의심도 갖지 않고 졸업하는 건 곤란하다.

선생의 질이나 수업의 질을 보증하려는 발상은 우선 강의는 내용을 올바르게 전달하는 것이 중요하다는 전제로 생겨났다. 전달하는 내용은 누가 봐도 옳아야 하고, 선생의 사명은 그것을 알기 쉽고 정확하게 전하는 것이다. 그렇기에 누가 가르쳐도 일정 수준 이상을 보증할 수 있어야 한다. 나는 이 점에 가장 크게 수상함을 느낀다.

여기에는 다양성이야말로 대학의 본질이라는 개념이 근본적으로 빠져 있다. 교육의 질 보증 혹은 교원평가는 일정 기준에 따라 이루어지지 않으면 아무런 의미가 없다. 일정 기준에 따른다는 것은 결국 대학 교육을 평균화하는 방향으로 나아가겠다는 말과 같다. 정부 부처야 그쪽이 관리하기 편할 테지만, 그래서는 대학의 개성은 물론 선생의 개성 또한 잃게 된다. 이렇게 개별화에 역행하면서 한편으로는 개성적인 학생이 출현하기를 바라는 것은 얼마나 자기모순적인가.

3

선생을 동경하다

오카 기요시가 남긴 에피소드

대학 시절 교양 수업을 받을 무렵 수학을 가르치던 K교수에게서 들은 고고한 천재 수학자 오카 기요시의 에피소드가 인상에 강하게 남아 있다. 문화훈장도 받은 일본을 대표하는 수학자 중 한 명으로, 수많은 기행으로 일찌감치 유명했다.

　오카 기요시는 1901년, 문자 그대로 20세기 첫해에 태어난 수학자다. 교토제국대학*을 졸업함과 동시에 동 대학 강사가 되었고, 4년 후에는 조교수로 승진했다. 3년간의 프랑스 유학을 거쳐 히로시마문리과대학, 홋카이도대학 등을 거쳐 나라여자대학에서 정년을

맞이했다.

전공은 다변수 복소함수론인데, 그 내용을 나는 거의 알지 못한다. 하지만 당시 갓 태동하기 시작한 이 분야에서 프리드리히 하르톡스와 함께 오카 기요시가 선구적인 역할을 했다고 한다. 당시 중요한 세 가지 미해결 문제를 모두 혼자 풀었다는 점, 그중 하나는 실로 20년이라는 시간에 걸쳐 풀었다는 점으로 유명하다.

논문은 프랑스어로 발표했다. 프랑스에서는 너무도 중요하고 어려운 문제가 연이어 풀렸기 때문에 'Kiyoshi Oka'를 도저히 한 명의 이름이라고 생각하지 못하고, 몇 명의 수학자 집단이라고 생각했을 정도라고 한다. 수학에서는 그런 예가 실제로 있다. 『수학원론』이라는 책으로 유명한 수학자 니콜라 부르바키가 실은 가공의 인물이라는 것이 후에 밝혀졌다. 일본에서도 '그'의 저서가 많이 출판되었으며, 나도 학생 시절에 이해하지도 못하면서 고서를 손에 넣어 읽었던 기억이 있다. 이것이 실은 몇 명의 수학자 집단의 펜네임이었던 것이다.

오카 기요시는 평생 10편의 논문밖에 쓰지 않았다. 하지만 그 10편이 다 연작이다. 즉 같은 제목에 I이나 IV

같은 숫자를 붙였으며, 그것을 전부 합치면 전화번호부 두께 정도가 된다. 관심이 가는 주제에 집중해 깊고 깊게 파고드는 것이 학문의 기본 스타일이라는 점을 몸소 보여 주는 듯한 논문 작성법이다.

문화훈장까지 수상한 학자이지만, 그럼에도 불구하고라고 할까, 그런 것치고는이라고 할까, 신경 쓰지 않는 부분은 철저히 신경 쓰지 않은, 어찌 됐든 특이한 사람이었다고 한다. 뭔가 생각나면 길에 주저앉아 돌로 계산을 시작해 몇 시간이고 움직이지 않았다거나, 교토 대학 시절 3년 동안 한 번도 칫솔을 사용하지 않았다거나, 가죽 신발은 신지 않고 장화에 양산, 구깃구깃한 양복에 넥타이를 매지 않는 것이 트레이드마크였다거나 하는 등의 에피소드가 넘쳐나는 사람이었던 것 같다.

연구의 열정이 학생에게 감염되다

오카 기요시의 강의는 꽤 특이했다고 한다. 강의 시간에 칠판 가득 수식을 써 두고 그것에 관해 생각하기 시작해 저녁 8시가 되어도 수업을 끝내지 않았다. 한번은 다음 강의 시간에 지난번 풀이법은 전부 거짓말이었다고 단호하게 말한 적도 있다. K교수는 그리운 듯 그렇게 옛날이야기를 풀어놓았다.

유카와 히데키 또한『여행자』에서 '오카 선생의 옷차림은 대학교수 같지 않았다. 양복 허리춤에 더러운 수건을 매달고 있는 모습이 마치 고등학교의 응원단장 같았다. 입학하자마자 선생이 내민 수업 문제가 또 엄청나게 어려웠다. 학생의 지식수준 따위는 전혀 개의치 않는 듯한 문제였다. 그런 어려운 문제에 부딪히며 나는 일종의 스릴을 맛보기도 했다'라고 오카 기요시에 대한 추억을 적은 바 있다.

유카와는 고등학교 시절 자신이 말한 대로 답을 적지 않으면 합격점을 주지 않았던 기하학 선생 때문에 수학에 절망했지만, 반대로 오카 기요시의 수학에는 강하게 끌렸던 것 같다.

같은 시기에 오카 기요시의 수업을 들은 인물이 또한 명의 노벨상 수상자인 도모나가 신이치로였다. 유카와와 도모나가는 동급생이었다. 동급생 중에 노벨상 수상자가 두 명이나 나온 교실이라니, 정말로 한번 들여다보고 싶을 정도다.

도모나가는 오카 기요시와 또 한 명의 수학자 이름

을 대며 '두 선생의 매력은 스스로 연구에 열정을 쏟는
다는 점이다. 그 열정이 학생에게 전해진다. 때로는 자
신의 연구에 관해 이야기하기도 한다. 젊은 선생 중에
는 학생을 가르치기보다 자신의 흥미에 푹 빠진 사람도
있지만, 이것이 또 어린 학생들이 보기에는 참을 수 없
는 매력이다'라고 말했다(『나의 스승 나의 벗』).

　'스스로 연구에 쏟는 열정'이 학생에게 전해진다
는 점 그리고 '학생을 가르치기보다 자신의 흥미에 푹
빠진' 모습이 선생의 매력이라는 점은 오카 기요시에게
한정된 이야기는 아닐 것이다.

　　여기에서는 가르치는 내용, 지금 식으로 말하면 콘
텐츠가 우선 존재하고, 선생은 그것을 단순히 학생에게
전하는 중개자 역할을 한다는 지금의 교사상을 엿볼 수
없다. 선생은 도구나 기계가 아니다. 선생은 자기 자신
의 흥미로 움직인다. 덧붙이자면 선생은 연구밖에 흥미
가 없고, 연구에 대한 한결같은 열정이 어린 학생에게
감염된다. 그런 부럽고, 또한 나를 되돌아보면 부끄러
워지는 강의의 원풍경이 여기에 있다.

　　물론 오카 기요시가 이상적인 교수였던 것만은 아
니다. 사실 여부는 둘째 치고, 아침에 출근할 때 지장보

살에 돌을 던져 맞으면 출근하고 맞지 않으면 곧장 집으로 돌아가 버렸다는 에피소드도 전해진다.

또한 히로시마문리과대학에 재직하던 시절 연구에 너무 몰두해 강의에 소홀한 때도 있었다고 한다. 강의 중에 칠판에 수식을 적고는 학생들은 무시한 채 수식만 응시한 적도 있다고. 학생들로부터 강의가 너무 엉망진창이라는 불평이 나온 데다 다른 기행으로 터진 사건도 겹쳐 결국 그 대학을 사직했다.

현재 대학 교육 현장이라면 사직은 당연한 결과일 테다. 하지만 엉망진창이더라도 연구에 대한 외골수적인 자세를 있는 그대로 보여 주던 오카 기요시의 강의를 놓친 학생들은 역시 손해를 본 것이 아닐까. 선생이라는 신분도 잊어버릴 만큼 연구에 몰두하는 젊은 수학자의 뒷모습을 바라볼 기회는 적분방정식의 해법을 배우는 것보다 훨씬 더 귀중한 것이었으리라.

"파친코에서 돈을 따는 법을 가르쳐 줄게"

내가 학부생이었을 때 수학을 배운 교수 중에 모리 쓰요시 선생이 있었다. 이 선생 또한 무척이나 재미있는 사람이었다. 일찍부터 매스컴에 자주 얼굴을 내밀었고, 수학 외에도 인생 상담에 이르기까지 다양한 분야에서 활약하는 그의 모습은 눈을 휘둥그레지게 했다.

1957년에 교토대학 교양학부 조교수가 된 모리 선생은 14년 후에 교원 승진 심사를 받게 됐다. 그때 문제가 됐던 것이 조교수 취임 후 수학자로서 업적이 단 2편의 논문밖에 없다는 점이었다고 한다.

'이 정도로 업적이 없는 사람을 교수로 뽑아도 괜찮은가'라는 문제가 불거졌는데, '이런 교수가 한 명 정도 있어도 좋지 않나'라는 이유로 교토대학의 교수가 되었다는 에피소드가 전해진다. 사실인지 아닌지는 알 수 없지만, 너무나 교토대학에 걸맞은 에피소드라 마음에 든다. '이런 교수가 한 명 정도 있어도 좋지 않나'라는 그 느슨함이 중요하다.

모리 선생은 강의 시간에 당연히 수학을 가르치기는 했지만 잡담도 빼놓을 수 없는 재미였다. 첫 강의 때 "자네들, 마지막까지 내 수업에 나오면 파친코 필승법을 가르쳐 주겠네"라고 미끼를 던지기도 했다. 그 필승법 강의는 결국 없었던 것 같지만, 나도 자주 수업을 빠져 진짜로 없었는지 어떤지는 단언할 수 없다. 하지만 시험 때 모리 선생이 한 말은 지금껏 확실히 기억한다.

모리 선생은 기말고사 시험지를 나눠 준 후 "다 풀면 정답지를 내 책상에 놔두고 언제든 돌아가도 돼"라고 하고는 곧장 교실을 나가 버렸다. 교실에 감시하는 사람이 없으니 이는 '컨닝이든 의논이든 뭐든 해도 좋다'고 부추기는 것이라고 생각할 수밖에 없었다.

애초에 대학에서 시험을 보는 것이 무슨 의미가 있는지 생각해 보자. 학점을 위해, 졸업을 위해, 학생으로서 제대로 공부했는지 확인하는 이른바 질 보증을 위해 행하는 것이 시험이다. 후에도 논하겠지만 대학이 학생의 질을 누구에게 보증할 필요가 있는가. 모리 선생의 시험 방식은 대학의 시험 따위 무슨 의미가 있느냐는 도전적인 적당주의였다.

무척 느슨한 시험이었지만, 시험 시간이 20분 정도 남았을 때 불쑥 교실에 나타난 모리 선생이 한마디를 던졌다. "뭐야, 자네들. 아직도 있었어? 얼른 식당에 가지 않으면 밥을 못 먹을 텐데."

그야말로 적당주의 자체를 그림으로 그린 것 같은 선생이었지만, 그것이야말로 그의 삶의 방식 자체였다. 이런 명물 교수가 교토대학뿐 아니라 대부분의 대학에

서 사라지고 있다는 사실은 단순히 쓸쓸함을 불러오기
보다 위기 상황임을 말해 준다.

모리 선생은 앞서 말한 '적당주의'를 체현해 보여
주곤 했다. 강의에는 느긋하게 지각하고, 물론 휴강도
많았다. 지금처럼 휴강을 하면 반드시 보강을 해야 한
다는 지침도 없던 때였다. 과거에 휴강은 교수에게는
물론 학생에게도 자신을 되찾기 위한 중요한 시간, 이
른바 특권으로 여겨졌다. 하지만 지금은 정해진 커리큘
럼을 어떻게든 제대로 채우는 것이 의무화되었다.

수업은 상품인가

휴강에 보강이 필요하다는 것은 강의를 상품으로 생각
한다면 당연한 요구일 것이다. 수업료를 내니 그 대가
에 해당하는 강의를 받는 것도 당연하며, 휴강을 하면
그것을 보전하기 위해 다른 시간을 마련해 대가에 걸맞
은 상품을 제공해야 한다. 이것을 당연한 요구처럼 생
각할 수도 있지만, 과연 누구에게서 나온 요구일까.

학생은 그다지 보강을 요구할 것 같지 않다. 하지
만 부모라면 그런 요구를 해도 이상하지 않다. 기업 논리로 보면 너무도 당연하다. 그것을 받아들여 정부 부처에서 그런 지침을 낸다 해도 이상하지 않다.

하지만 여기에서 위화감이 느껴진다고 솔직히 고백해야겠다. 분명 수업료를 내고 수업을 받는 것이기에 수업은 일종의 상품에 해당한다. 하지만 한편으로 수업이란 받고 싶다는 마음이 전제되어야 하지 않을까. 바라지도 않는 고객에게 상품을 판매하는 상행위와는 어딘가 본질적인 차이가 있을 테니까.

대학 교육에서도 강의 즉 수업이 수업료의 대가라는 사고방식을 버리는 것이 좋다. 동시에 학생을 돈을 내는 고객이라 생각하는 사고방식도 받아들이기 어렵다.

교수도 월급을 받으니 수업을 하는 것뿐이라고 여기지 말아야 하는 것과 마찬가지로 학생도 돈을 냈으니 수업을, 거기에서 제공하는 지식을 받는 것이 당연하며 그것은 권리라는 사고방식을 가져서는 안 된다. 이런 태도로는 정말로 중요한 것을 놓칠 수밖에 없으며, 이런 사고방식이 만연하면 대학에서의 지식 전달은 심각한 곤란에 직면하게 된다.

'교수'라는 단어는 주로 대학에서 지식을 전달하는

사람을 말한다. 하지만 한자를 풀어 보면 본래 '가르치고教 받는다授'는 의미다. 즉 일방적으로 지식을 전달하는 것만 의미하지 않고, 받는 사람의 적극적 행위도 포함하는 개념이다.

즉 학생에게도 선생으로부터 지식 일부를 나눠 받고자 하는 자세, 그러기 위해 선생의 말을 하나하나 서술되지 않은 것까지 어떻게든 흡수하고 싶어 하는 자세가 요구된다. 가르치는 쪽과 배우는 쪽 모두의 참여가 필요한 것이다. 배우는 쪽에서 받는 것이 당연하다는 태도를 보이면 실제로는 아무것도 전달되지 않는다.

'무엇을 가르치는가'보다 '누가 가르치는가'

앞에서도 말한 바와 같이 나는 유카와 히데키 교수를 동경해 교토대학 이학부에 입학했고 물리학과를 선택했다. 다행히 유카와 선생이 강의를 그만두기 전에 마지막 수업을 들을 수 있었다. 통칭 유카와기념관이라고 불리던 기초물리학연구소의 교실에서 물리학 통론이라는 강의를 매주 1년간 들었다. 오후의 1시간 반. 유카와 선생에게는 거의 손주뻘인 학생들이었다. 정년을 앞두고 있었기에 무척이나 편안하고 즐겁게 이야기하던 모습이 눈에 선하다.

수업 내용은 거의 다 잊어버렸다. 유카와 선생이 매우 재미있게 말해 준 몇몇 에피소드는 드문드문 기억하지만, 학문적인 내용은 깔끔하게 잊어버렸다.

유카와 선생의 강의가 이후에 도움이 되었는가 하면, 아무 주저 없이 전혀 도움이 되지 않았다고 말할 수 있다. 그러면 그 시간이 쓸모없었는가 하면, 그건 또 100퍼센트 부정할 수 있다. 무척이나 좋았고, 물론 쓸모없지도 않았다. 교토대학을 다녀서 좋았다고 생각하는 이유 중 하나다.

무엇이 좋았을까. 그 강의를 1년간 들었다는 사실 자체가 무언가 내 자신감으로 남아 있음을 언제나 느낄 수 있기 때문이다. 단순히 노벨상이라는 브랜드에 현혹된 것이 아니냐고 말하면, 그 말 그대로다. 유카와 히데키라는 존재는 우리 세대에게 어렸을 때부터 우상이었다. 그렇게 동경하던 선생의 강의를 듣고 졸업했다는 사실은 내가 학자로서, 연구자로서 그 후 50년을 살아오는 동안 마음속 어딘가에서 희미한 자신감으로 계속 존재하고 있다.

'유카와 선생을 어찌 됐든 실제로 봤어'라는 마음이 내 안에 있으며, 그 자체가 내게 무척이나 의미 있다.

선생을 보고 희망 대학을 선택할 수 있을까

어떤 동경하는 존재, 동경하는 선생이 있다는 이유로 대학을 선택하는 것. 지금 젊은 세대는 꿈같은 이야기로밖에 받아들이지 않을 것이다.

나는 신입생을 대상으로 한 첫 강의에서 왜 이 대학을 택했는지 묻는다. 누구든 상관없으니 혹시 이 대학의 선생을 동경해 지망한 사람이 있는지 묻는다. 이 대학에 지원할 때 대학의 선생 이름을 한 명이라도 알았는지 묻는다. 이런 무상한 희망에 응해 주는 학생은 거의 없고, 특정 선생이 있어서 이 대학으로 정했다는 학생은 제로에 가깝다. 성적에 맞춰 이 대학 정도면 갈 수 있겠다 하고 정하는 것일까.

역사학자 우에다 마사아키가 어떤 식으로 대학을 정했는지 쓴 글을 흥미롭게 읽은 적이 있다. 교토를 대표하는 문화인 10여 명이 번갈아 에세이를 기고하는 교토신문의 「천리안」이라는 칼럼에서다.

대학을 정할 때 우에다 마사아키는 오리쿠치 시노부의 강의를 듣고 싶었다고 한다. 그래서 오리쿠치가 교수로 있는 고쿠가쿠인대학에 시험을 보고 전문부 학생이 되었다. 오리쿠치 시노부는 민속학자이자 국문학자였고, 샤쿠 조쿠라는 필명을 쓰는 시인이기도 했다. 그의 연구는 '오리쿠치학'으로 불리기도 한다.

우에다는 3년간 오리쿠치의 강의를 확실하게 흡수하고 나서 국사학자 니시다 나오지로의 문을 두드렸다. 교토제국대학으로 편입한 것이다. 조금 철없이 말하자면 니시다가 너무 멋있다고 생각했기 때문이다. 마음만 먹으면 교토제국대학도 충분히 갈 수 있는 성적이었는데, 오리쿠치 시노부라는 마음에 품은 사람이 있어 우선 고쿠가쿠인대학에 진학했던 것이다. 물론 고쿠가쿠인도 좋은 대학이지만, 선택 기준에 성적이나 대학 브랜드밖에 없다면 도저히 떠올릴 수 없는 발상이다.

어떤 대학을 고를지 선택할 때 우에다의 이런 경험을 한번 떠올려 보는 것도 좋지 않을까.

명저의 가격

내가 매우 존경하는 교수 중에 기무라 빈 선생이 있다. 나는 가능하면 '선생'이라는 호칭을 쓰고 싶지 않아 실례를 무릅쓰고 대단한 선생도 대부분 '씨'라고 부르곤 한다. 하지만 기무라 선생만은 자연스레 '선생'이라고 부르게 된다. 그는 정신과 의사로 나와는 한때 교토대학 의학연구과의 (황송하게도) 동료였다. 기무라 선생의 사상은 정신과학을 기초로 한 철학에 가깝다고 볼 수 있다.

그의 저서 『시간과 자기』는 나에게 바이블 같은 책이며, 셀 수 없을 만큼 읽었다. 읽을 때마다 새로운 내용을 발견하고 그때마다 선을 긋고 형광펜으로 표시해 어떤 페이지건 그야말로 화려하다. 덤으로 집의 책장을 정리하다 같은 책이 세 권이나 있다는 사실을 최근에 깨달았다.

이 책을 읽을 때마다 이렇게나 훌륭한 사상과 지식을 불과 600엔 가격에 나눠 받아도 되는가 생각한다. 이 한 권을 쓰기 위해 한 시대를 대표하는 사상가가 얼마나 많은 시간을 들여 많은 글을 읽고, 나아가 사색을 거쳐 사상을 구축하고, 자신의 말로 표현하기 위해 또 얼마나 많은 시간을 소비했을까. 그렇게 돈으로는 헤아릴 수 없는 것이 가득 담긴 한 권을 책방에 가서 당연한 듯 얼마 되지 않는 돈을 내고 구입한다.

그것을 읽고 깨달음을 얻고 새로운 패러다임을 만난다. 어떤 경우에는 그것을 인용해 무언가를 쓴다. 그런 행위를 다들 당연하게 여기지만, 새삼 생각해 보면 그런 사상과 가르침을 얼마 되지 않는 대가를 통해 내 것으로 만들어도 괜찮을까 싶다.

책이 출판되고 독자가 사서 읽는다. 지금은 이것이 당연한 사회적 행위이지만, 그런 단순한 유통이라는 사고방식을 거치는 도중에 빠져 버린 것이 있다. 바로 책의 내용에 대한 경의다. 읽는 사람은 존경과 경의로 책을 접해야 한다. 돈을 냈으니 그것을 자기 것으로 만드는 데 무슨 문제가 있겠느냐고 물으면 경제 이론으로는 반론의 여지가 없다. 하지만 우리는 이러한 유통경제 안에서 '지식'에 대한 경의를 잊어버린 것은 아닐까.

분명 오이 한 개나 옷 한 벌에도 그것을 만든 사람의 노력이 들어 있고, 그 대가라고 생각하면 왜 책만 특별하게 바라봐야 하는지 의문도 들 것이다. 하지만 '지식'에는 다른 것과는 조금 다른 경의를 보여도 좋지 않을까.

마찬가지로 대학 강의에 있어서도 수업료라는 대가를 내긴 하지만, 단순히 돈을 냈기 때문에 그것을 받는 것이 당연하다는 사고방식이나 태도로는 결국 중요한 것을 배울 수 없다. '지식'을 나눠 주는 존재에 대한 경의와 존경 그리고 그것을 받는 것에 대한 감사한 마음이 기저에 없다면 교육은 성립하지 않는다.

현대의 학생 사정을 무시한 이상론이자 돈키호테에 가까운 교육론임은 물론 잘 안다. 그렇다 해도 교육의 이상을 현재 상황에 간섭받지 않는 형태로 어떻게든 유지해 나가고자 노력할 필요가 있다.

4

대학에
질을 요구하지 마라

대학의 질 보증

대학은 지금 질 보증을 크게 요구받고 있다.

　일본에는 '세 가지 방침'이라 불리는 것이 있다. 학위 부여 방침(디플로마 폴리시), 교육과정 편성 및 실시 방침(커리큘럼 폴리시), 입학생 선발 방침(어드미션 폴리시). 이 세 가지 방침을 의무적으로 각 대학, 나아가 각 학부에서 명확하게 설정하고, 그 결과를 보고하고 공개해야 한다.

　그리고 일본 고등교육평가기구라는 기관이 정기적으로 대학을 평가한다. 이것만 봐도 대학 교육에 행정이 강하게 개입하고 있다고 생각하지 않을 수 없다.

또 '인증평가기관이 정하는 평가 기준'(이른바 '대학 평가 기준')이 있고, 그 평가가 낮으면 조성금을 받기 어려워지는 등 눈에 보이지 않는 불이익이 있다.

대학 평가 기준에 따라 각 대학은 두 가지 항목을 정해야 한다.

하나는 앞서 말한 세 가지 방침이다. 다른 하나는 '교육 연구 활동 등을 지속적으로 개선하는 구조' 이른바 '내부 질 보증'이다. 2016년에 중앙교육심의회 대학 분과회가 지침을 발표했다. 거기에는 '대학의 질 보증을 위해서는 다양한 대학이 스스로 내건 목표를 향해 교육 연구 활동을 시행하며 정기적으로 점검하고 평가하는 노력을 바탕으로 자주적이고 자율적인 질 보증에 대처(내부 질 보증)하는 것이 기본이기에, 각 대학의 자율적 개혁 사이클로서 내부 질 보증 기능을 중시한 평가 제도로 전환한다'라고 기재되어 있다. 공문서에서 흔히 볼 수 있듯 매우 복잡하고 알기 어려운 표현인데, 요컨대 세 가지 방침을 제대로 설정해서 시행하는지, 교육 연구 활동을 스스로 계속해서 점검하라는 의미다. 대학은 적어도 7년에 한 번은 대학의 질 보증이 제대로 기능하는지 평가를 받아야 한다고 정해져 있다. 이렇게 대학 자체가 시험을 보는 쪽이 되어 버렸다.

'기업과 사회가 바라는 인재'란?

질을 보증한다. 아무런 문제도 없어 보이는 말이다.

당연한 말처럼 여겨지고 반론할 여지도 없다. 대학은 학생에게서 수업료를 받으니 질이 보증된 교육을 하는 것이 학생이나 부모에 대한, 그리고 세금도 들어가니 기업이나 사회에 대한 당연한 의무라 할 것이다.

얼핏 그럴싸한 것이 가장 수상하다는 것은 세상의 이치다. 이것은 그야말로 알기 쉬운 자본주의 논리이지만, 그와 같은 최소한의 보증으로 대학을 옭아매는 것이야말로 대학에 기대해야 하는 가장 중요한 것을 스스로 파기하는 꼴이라는 점에 조금은 주의를 기울여야 한다.

문부과학성은 '세 가지 방침'을 만들고 정기적으로 자주적인 중간 평가를 하도록 의무화했다. 문부과학성이 '대학의 질 보증에 관한 대처'를 강화한 것은 여론조사에서 '일본 대학이 세계에 통용되는 인재, 기업과 사회가 요구하는 인재를 키우고 있는가'라는 질문에 60

퍼센트가 넘는 국민이 부정적인 응답을 했기 때문이라고 한다. '세계에 통용되는 인재'는 둘째 치고, 아무렇지도 않게 끼어 있는 '기업과 사회가 요구하는 인재'에는 고개를 갸웃하게 된다. 대학의 역할은 기업의 요청에 알맞은 학생을 보내는 데에 있을까. 결단코 그렇지 않다. 만약 그렇다면 '최소한 이 정도까지는 교육했으니 안심하고 사용해 주세요'라고 말하는 격이지 않은가. 머지않아 보증서라도 첨부해야 할 판이다.

총리가 말하는 '직업교육'

몇 년 전에 깜짝 놀란 일이 있다. 2014년 OECD 각료이사회에서 아베 신조 총리가 한 연설을 듣고서였다. '아베 내각총리대신 기조연설'에서 아베 총리는 이런 발언을 했다.

일본에서는 모두가 나란히 서는 단선형 교육만 시행해 왔습니다. 초등학교 6년, 중학교 3년, 고등학교 3년 후 이과생의 반 이상이 공학부 연구실에 들어갑니다. 이것만 반복해 온 것입니다.

하지만 그런 단일한 형태의 고등교육에서는 참신한 발상이 태어나지 않습니다.

그렇기에 저는 교육개혁을 진행하고 있습니다. 학술 연구를 도모하기보다 사회의 요구를 확실히 파악하고 보다 실천적인 직업교육을 시행할 것입니다. 그런 새로운 시스템을 고등교육에 도입할 생각입니다.

너무나도 놀라운 발언이자 귀를 의심하게 만드는 발상이다. 이 연설이 그다지 큰 뉴스로 다뤄지지 않았다는 점에서도 큰 충격을 받았다.

특히 인용한 마지막 부분이 압권이다. '학술 연구를 도모하기보다 사회의 요구를 확실히 파악하고 보다 실천적인 직업교육을 시행할 것입니다. 그런 새로운 시스템을 고등교육에 도입할 생각입니다.' 대학의 교육 연구를 송두리째 부정하는 말이 아니고 무엇이겠는가.

'학술 연구를 도모하기보다'라는 말이 특히 문제다. 대학에서 학술 연구를 도모하지 않는다면 대학의 존재 가치는 어디에 있는가. 그야말로 아연실색할 수밖에 없다. 일본 총리는 대학을 '사회의 요구를 확실히 파악하고 보다 실천적인 직업교육을 시행하는' 곳으로밖에 의미를 두지 않는 것 같다.

사회의 요구라고 말하지만 실제로는 기업의 요청에 맞는 학생이 필요하다는 것이 속마음이리라. 아직 어떤 대학을 이런 식으로 바꾸겠다고 말하지는 않았지만, 한편으로 대학 재편을 강하게 내세우는 정부의 움직임을 볼 때 머지않아 대학이 직업훈련학교 같은 곳으로 변해 버리지 않을까 염려하는 사람이 나뿐만은 아닐 것이다. 특히 이미 뚜렷해지는 지방 국립대학의 재편에서 이와 같은 방침이 여지없이 강조되고 있다.

대학이 해야 할 일은 그런 최소한의 보증은 아닐 테다. 대학은 본래 무언가를 보증하는 곳이 아니다. 하물며 기업이 요구하는 기술을 익히는 곳은 더더욱 아니며, 기업의 요구에 맞는 학생을 보내는 기관 또한 결코 아니다.

대학은 개별 학생의 가능성을 펼치는 공간이어야 한다. 한 명 한 명에게 지금까지 스스로 인지하지 못했던 가능성을 깨닫게 해 주는 공간이어야 한다. 일률적으로 여기까지는 확실히 공부시켰으니 부디 사용해 주세요, 확실하게 질(학점)도 보증합니다, 이런 식이어서는 곤란하다.

대학의 질 보증이라는 개념에는 기업의 요청이 크게 작용하고 있다. 대학을 나왔다는 이유로 채용했는데 일에 서투른 학생이 섞여 있다, 그러니 대학에서 제대로 뒤를 봐 주어야겠다, 적어도 기업에 '판매'한 것이니까 그 질을 확실히 보증해 주지 않으면 곤란하다, 이런 식이다.

기업은 본래 스스로 학생의 질을 판단해 채용해야 한다. 하지만 그것이 쉽지 않으니 대학에 질 보증을 요구하는 것은 어쩔 수 없는 일일지 모른다. 그런데 부모까지도 대학에 질 보증을 요구한다면, 자기 아이의 가능성을 스스로 과소평가하는 것에 지나지 않는다. 부모는 오히려 일률적인 교육이나 평가 기준으로 아이를 판단하지 말아 달라고 대학에 요구해야 하는 것이 아닐까.

'~답게'의 만연

나는 '~답게'라는 말을 싫어한다. 세상에 '~답게'라는 말이 너무 만연한 것 같다.

생각해 보면 우리는 어렸을 때부터 '~답게 행동하

라'는 강제 혹은 무언의 압력을 심하게 받아 왔다. '아이답게' '남자아이답게' '여자아이답게'로 시작해 '초등학생답게' '중학생답게' '고등학생답게' '학생답게' '청년답게' 등등 '~답게'가 줄곧 이어진다. 우등생은 우등생답게, 운동선수는 운동선수답게, 신인은 신인답게 행동하지 않으면 안 된다. 이 세상의 어떤 장면에서나 각각의 '~답게'를 요구하는 것 같다.

자주 사용되고 들을 때마다 웃음이 터지는 말로 '자신답게'가 있다. 조금만 생각해 보면 이만큼 무의미한 '~답게'도 없다. 애초에 '자신'이 가장 성가시고 알기 어려운 존재다. 어떻게 행동하면 '자신다운' 걸까.

자신이라고 해도 다양한 요소가 있고, 나가타 가즈히로로 말하자면 키는 170센티미터에 홀아비이자 대학 교수다. 시인이기도 하고, 등등. 자, 내가 만약 '자신답게 살고 싶다'고 말한다면, 나는 그런 다양한 '나'라는 성분의 어떤 것을 의식해 '~답게'라고 생각하는 걸까. 어떤 일부를 떼어 놓고 보면 그것은 나라는 존재 자체라고 볼 수 없고, 또한 전부를 뭉뚱그린 총체로서 나를 생각해 보면 그것은 애초에 나 자체이기에 '~답게'라는 개념으로 묶을 수 없다. '자신답게 해 나가고 싶다'는 말을 들을 때마다 의미 없는 동어반복으로밖에 여겨지지 않는다.

'~답게'는 동조를 강요하는 밈이다

'~답게'는 말할 필요도 없이 동조 압력同調圧力의 한 형태다. 어렸을 때부터 '~답게'가 뿌리 깊게 새겨져 일종의 '밈'meme으로 작용하며 우리 자신의 행동을 규제하게 만든다. 밈이란 유전자를 제외하고 진화에 관여하는 다양한 정보를 뜻하는 말로, '~답게'라는 밈으로 초래되는 것은 모두가 같은 얼굴을 보이는 획일화된 사회다.

'~답게'를 강요당하는 것은 괴로운 일이다. 하지만 한편으로 그것을 받아들여 '~답게' 행동하면 마음이 편할 수 있다. 다른 사람과 같은 식으로 행동하면 남에게 이러쿵저러쿵 말을 듣지 않아도 되기 때문이다.

반대로 '~답지 않은' 방식으로 살아가고자 하면 금세 주변과 마찰을 일으키게 된다. 특이한 사람이라고 낙인찍히는 것은 둘째 치고, 흔히 말하는 '왕따'가 되지는 않을까 무의식중에 경계하게 된다. 그래서 가능하면 눈에 띄지 않게 남과 똑같이 행동하려 애쓴다. 이것이 가장 두려운 점이다.

'~답지 않은' 것을 배제한다. 이것은 사회 전체가 '~답게'라는 밈에 따라 자신의 구조를 바꿔 버린 결과, 자기를 규제한 결과라고 할 수 있다. 사회는 본래 헤테로, 즉 다양성을 품고 있어야 한다. 헤테로는 생물학적으로뿐만 아니라 문화적·사회적으로도 진화라는 관점에서 필수 요소다. 개별 구성원이 동일화된 호모지니어스의 세계, 같은 얼굴밖에 찾아볼 수 없는 세계에서는 진화나 발전의 계기를 찾아볼 수 없다.

하지만 '~답게' 행동하는 것이야말로 사람으로서 올바른 존재 방식이라는 과도한 압력이 사회에서 '다수'와 다른 사람을 '이분자'로 배제하는 흐름을 만들어 낸다. 교사나 부모에게 '~답게' 행동하라고 줄곧 들어왔기에 '~답지 않은' 것을 배제하려는 행동은 어떤 의미에서 당연한 반응일 것이다.

다르다는 점에서

말할 필요도 없이 사회나 민주주의는 다양성을 근간으로 한다. 각자가 서로 다름을 가장 중요한 집단 논리로 설정하고 있기에 성립할 수 있다. 그것을 정면으로 부정하는 것이 전체주의 사상이다. 개개인의 다양성이 아니라 전체가 같은 색채를 띠는 것을 근간으로 삼은 것이 전체주의다. '~답게'를 교조로 삼아 만들어진 미래는 개별 존재의 다양성을 배제하는 전체주의 경향으로 물들어 버릴 것이다. 무서운 일이 아닐 수 없다.

학생이 대학에 들어가 더 많은 경험을 해야 하는 이유는 앞서 몇 번이고 반복한 것처럼 자신의 가능성을 깨닫기 위한 것 말고는 없다. 그것은 자신이 타인 혹은 친구와 다르다는 것을 의식함으로써만 시작될 수 있다. 가능한 한 주변과 다른 면을 봉인하려는 태도로는 자신에게 있을지 모르는 가능성을 깨달을 수 없다.

자신이 어떻게 해도 주변과 다른 부분, '~답게'라는 기준으로는 도저히 수습할 수 없는 부분을 깨닫는 것에서 개개인의 개성이 움직이기 시작한다.

집단 속에서 남과 똑같이 행동하는 것은 편하기 그지없다. 이것은 책망할 수 없는 일이다. 하지만 자신의 존재에 관해 스스로는 물론 주변에서도 모든 면을 긍정하는 상황에서는 사상이나 표현 혹은 스포츠 등을 통해 자신을 아슬아슬한 정도까지 몰아세우지 않으면 드러나지 않은 재능, 한마디로 말해 개성이 태어나지 않는다.

집단 속에서 느끼는 불편함, 주변과 타협하기 어려운 성격, 자신이 품고 있는 본질적인 외로움, 고독감, 이 같은 '세계'와의 갈등이 아니고서는 개성의 싹이 움트지 않는다. '자신의 가능성'을 깨닫는 중요성을 몇 번이고 말했지만, 그 가능성은 '타자'와 다른 자신, '~답지 않은' 자신을 깨닫는 것에서 실마리를 찾을 수 있다.

5

부모가
자식의 자립을
막고 있다

대학에서 부모를 떼어 내자

요즘에는 대학 입학식과 졸업식에 보통 가족이 참석한다. 여기에 불만을 제기할 생각은 없지만, 인사말이나 축사에서 "학부모 여러분께서는……"이라는 말을 들으면 이건 아니지 않은가 싶은 생각에 사로잡힌다.

대학생에게 아직도 '학부모'가 필요할까. 슬슬 자립을 앞두고 인생의 마지막 교육기관의 문을 넘는 시점에 '보호'해 줄 부모와 함께 있는 것은 조금 이상하다. 입학식은 눈감아 줄 수 있다고 해도 졸업식에서 '학부모 여러분'이라는 말은 도저히 참기 어렵다.

2008년 도쿄대학 입학식에서 특별 명예교수인 안

도 다다오가 축사를 남겼는데, 그 내용이 큰 화제를 불러일으켰다. 입학생 3100여 명에 학부모가 5천 명 정도 2층 좌석에 앉아 있는 것을 본 안도 다다오는 "이 입학식을 기점으로 부모는 자식을 잘라 내고, 자식은 부모를 떼어 내세요"라고 호소했다.

"개인이 자립하기 위해 부모는 자식을 잘라 내야 합니다. 진정한 부모 자식 관계를 형성하는 과정에서 개인의 자립이 가능해집니다. 개인이 자립하지 못하면 '독창력'은 물론 상식을 의심하는 힘도 좀처럼 생기지 않습니다."(『도쿄대학 인사말 모음집』에서 인용)

하지만 이 인용문은 조금 완화해 적은 것이고, 사실은 좀 더 급진적인 이야기였다고 한다. 안도 다다오는 실제로 "오늘은 아이가 자립하는 날이니 2층 좌석에 계신 분들은 밖으로 나가 주세요"라고 말했다고 한다.

나는 안도 다다오의 의견에 깊이 동감한다. 애써 대학에 들어온 것을 축하하는 입학식 그리고 겨우 졸업을 맞이하는 기쁜 날에 부모와 자식이 함께 기뻐하는 것이 뭐가 나쁘냐는 생각도 분명 틀리지 않다. 함께 기뻐하는 것은 무엇보다 중요하기 때문이다.

하지만 대학은 좋든 싫든 마지막 교육기관이다. 사

회로 첫발을 내딛는 곳이다. 학생이 사회로 나설 때 책임 있는 행동을 할 수 있도록 훈련하는 장으로서 큰 의미를 지닌다. 따라가고 싶지만 참고 문 앞에서 배웅하는 부모의 자각이야말로 아이에게 대학생이 되었다는 실감을 부여하고 자립의 첫발을 내딛게 해 주지 않을까.

졸업식에서 부모도 졸업

내가 시인으로 『NHK 단카』라는 방송을 진행하던 무렵 '졸업'이라는 주제로 응모받은 시 가운데 다음 한 수를 뽑아 다룬 적이 있다.

'스승의 은혜는 하늘 같아서'라고 함께 노래 부르면 오늘 어머니 역할을 졸업하나니
— 다카하타 유코

고등학교 졸업식에서 「스승의 은혜」를 학생과 선생 그리고 학부모가 함께 합창한다. 그리운 풍경이다. 그 합창에 목소리를 맞추면서 작가는 '자, 오늘로 어머니 역할도 끝이다, 끝내야만 한다'라고 생각했다. 드디

어 해방되었다는 해방감도 있지만, 그 이상으로 중요한 것은 언제까지고 어머니로서 이것저것 돌봐 주는 것이 아니라 졸업이라는 기점을 정신적인 기점으로도 삼아 자식의 자립을 스스로 강하게 의식하고자 한 것이다. '자, 앞으로는 너 혼자 살아 나가렴'이라고 자식의 등을 떠민다. 이는 부모가 자식을 떠나보내야 함을 자각하는 것이기도 하다. 이 어머니는 훌륭한 각오를 자연스러운 문장으로 표현했다.

나는 입학식과 졸업식에 부모님을 부르지 않았지만, 내가 요청했다기보다 부모님이 간다느니 어쩌느니 말하지 않았던 이유가 크다. 부모로서 자식이 대학, 그것도 교토대학에 입학했으니 분명 기뻤을 테고, 친척에게도 알렸을 정도이니 자랑스럽게 생각했던 것도 분명하다. 하지만 그런 마음이 함께 입학식에 가자는 발상으로 이어지지 않은 것은 역시 당시의 사회 분위기 때문일까.

졸업식은 특히 심했다. 때는 1970년대 초반. 대학 분쟁이 끝을 맞이할 무렵으로 내가 대학에서 4년을 보냈을 때는 졸업식이 열리지 않았다. 교토대학뿐 아니라 도쿄대학을 포함해 졸업식이 열리지 않은 대학이 많았다. 나는 당연히 유급이 정해진 상태였고, 이미 학교에서 5년을 보낸 뒤에는 졸업식이 있든 없든 거의 관심이 없었다.

5년 차가 끝날 무렵 언제나처럼 집에 돌아가자 아버지가 "오늘 졸업식이었지?"라고 말을 걸었다. 나는 놀라 "엣!"이라고 답했다. 전혀 몰랐다. 전년도에 졸업식이 열리지 않아 올해 졸업식은 특별히 텔레비전에서 방송이 되었다고 했다. 애초에 졸업식 같은 형식적인 것은 타파해야 한다는 당시의 풍조 때문에 나는 졸업식을 거의 의식하지 않았다. 꽤 시간이 지나고 학과 사무실로 졸업증명서를 받으러 갔던 기억이 난다.

그러고 보니 나는 아이의 입학식과 졸업식에도 전혀 가지 않았다. 이 사실을 어리석게도 이 글을 쓰면서야 깨달았다. 혹시라도 아내가 혼자 갔을까. 그것도 기억에 없다. 아무래도 나는 그다지 자식의 입학이나 졸업에 관심이 없었던 것 같다. 무정하다는 말을 들어도 어쩔 수 없으리라.

자식이 아니라 부모의 문제

요즘 젊은이는 허약해서 좀처럼 부모의 곁을 떠나지 못한다고 한다. 자식이 떨어지려 하지 않는다며 불평을 터뜨리는 부모도 있다. 하지만 실은 자식이 허약한 것도, 부모에게서 떨어지려 하지 않는 것도 아니다. 오히려 부모가 자식을 떠나보내지 못하는 것이 가장 큰 문제일지 모른다.

대학에서 학부모를 상대로 개별 면담이 이뤄진다는 것을 알았을 때는 그야말로 깜짝 놀랐다. 현재 전국의 많은 대학에서 면담을 시행하고 있다. 귀를 의심하게 만드는 이야기다. '대학의 학부모 면담' 등의 키워드로 인터넷에서 검색해 보면 매우 많은 검색 결과에 놀랄 것이다.

우리 대학도 예외는 아니다. 그런데 대학 당국의 질책을 각오하고 개인적인 생각을 말하자면, 나는 이와 같은 대학의 초등학교화에 반대한다. 어느 대학에서는 학부모와 대학이 연계해 학생을 지원하자고 주장하고, 어느 대학에서는 면담에 성적통지서를 지참하라고 요구한다. 이것을 보면 탄식밖에 나오지 않는다.

즉 대학이 얼마나 학생의 뒤를 제대로 봐 주는지가 세일즈 포인트가 되어 버린 것이다. 학점을 제대로 받지 못하면 학부모에게도 통지하고, 저학점 지도라는 것을 시행해 낙제를 방지하고자 노력한다. 이 같은 대학의 든든한 보호, 제대로 된 뒷받침을 어필하는 것이 신입생 모집으로 이어진다. 대학과 학부모가 하나가 되어 아이의 학업을 지지하자고 주장하는 곳도 있어서 어이가 없다.

이렇게 제대로 우리 아이를 관리해 주고 뒤를 봐 주는 대학이라면 안심하고 아이를 맡길 수 있다는 부모의 심리를 노린 제도 설계로 보인다.

전국의 대학에서 이렇게까지 학생을 보살피게 된 것은 물론 부모가 그것을 요구했기 때문이다. 부모는 자식을 초중고 동안 학교 선생에게 맡겼던 것처럼 대학생이 되면 대학의 교원에게 같은 것을 기대한다.

하지만 그래서야 어느 시점에 자식을 떼어 놓을 수 있을까. 대학을 나와 취직한다 치자. 이번에는 직장 상사에게 제대로 보살펴 달라고 요구할 것인가. 어리석다고 생각하지만, 최근에는 입사식에 부모가 참가하는 예도 있다. 충격적이지만 웃을 수 없는 사태가 실제로 벌어지고 있다. 탄식이 절로 나온다.

　머지않은 미래에 아이의 초등학교 학부모 면담에 학부모의 부모까지 따라나서는 일이 벌어질지도 모르겠다.

반복되는 실패에서야말로

반복해서 말한 것처럼 나는 대학이라는 장은 스스로 얻어 온 '지식'의 집적을, 좀 더 희망을 담아 말하면 '지식 체계'를 개개인이 각자의 상황에 맞춰 스스로 다시 짜서 고유의 '지식'으로 재편성할 수 있도록 훈련하는 곳이라고 생각한다. 그것이 곧 '지의 체력'이다.

　그것은 선생이나 부모에게 배울 수 있는 것이 아니다. 스스로 생각해 최고의 수단을 모색할 수 있어야 의미가 있다. 최고의 수단을 얻을 수 있는지 없는지는 중요하지 않다. 그것을 스스로 모색하는 것이 중요하다.

　많은 경우 실패할 것이다. 여기에 모범 답안 따위는 없고, 정답도 있는지 없는지 알 수 없다. 누군가에게 듣고 배울 수 있는 것이 아닌 문제에 도전하는 것이 대학 교육이다. 수없이 반복되는 실패에 미래에 자신의 힘으로 '지식'을 유효하게 이용할 수 있는 전략이 숨어 있다.

아이가 '과감한 실패'에 도전해야 하는 시기에 부모나 선생이 구원의 손길을 뻗어 생기는 폐해는 새삼 말할 필요도 없을 것이다. 그것은 지금 상황을 구원해 줄지 몰라도 결국 자식의 자립을 막는 행위일 뿐이다. 실패의 싹을 사전에 뽑아 버리는 것은 성공으로 향하는 길을 막는 것과 다름없다. 실패 경험이야말로 다음에 비슷한 문제에 직면했을 때 성공으로 이끄는 필수 포석이다. 실패를 많이 경험한 사람이 실제로 문제가 닥쳤을 때 대담하고 냉정하게 판단할 수 있다.

언제나 누군가가 구원의 손길을 내밀어 성공한 경험은 진정한 성공 경험이라 할 수 없다. 오히려 곤란에 빠졌을 때 누군가가 도와주겠거니 기대하는 안이한 의존 체질이 될 뿐이다.

대학을 졸업한 '이후'의 일을 생각하면 가능한 빨리 대학에서 '학부모'를 떼어 내야 한다. 그것이 개별 학생을 안심하고 사회로 보내기 위한 필수 단계다.

6

가치관의
차이를 소중히

'쩐다'만으로는 위험하다

이른바 젊은이들의 속어인 '쩐다'라는 말의 뜻을 들었
을 때 솔직히 놀랐다. 어떤 상황에서 사용하든 의미가
통하는 감탄사라는 것이었다.

언어가 시대와 함께 만들어지고 달라지는 것은 어
쩔 수 없는 일이자 막을 수도 없는 일이다. 줄임말이 유
행해 모두가 줄임말을 사용하는 시대다. 나는 아직 줄
임말에도 무모한 저항을 계속하고 있지만, 젊은이들의
'쩐다'에는 그것을 넘어서는 위화감과 두려움을 느낀
다. '쩐다'가 '맛있다' '재미있다' '멋있다' '기분 좋다' 등
본래 뉘앙스가 상당히 다른 감정을 모두 통틀어 대변한

다는 것이 가장 마음에 걸린다.

어떤 감동을 표현할 때 가령 'good!' 한마디로 끝내 버리는 것이 아니라, 거기에 뉘앙스가 다른 다양한 표현이 있는 것 자체가 문화다. '맛있다' 하나만 봐도 '부드럽다' '맛깔스럽다' '감칠맛이 난다' '녹아내리는 것 같다' 등등 어떤 식으로 '맛있는지'를 나타내기 위해 선인들은 다양한 표현을 궁리해 냈다. 그것이 문화이자 민족의 풍요로움이다.

매번 완곡하고 고급스러운 표현을 쓰라는 말이 아니다. 다만 필요에 따라 자신의 '느낌'을 자신의 말로 표현해야 하는 때가 인생을 살다 보면 반드시 찾아온다. 그런 때를 위해 우리는 평소에 사용하지 않는다 하더라도 다양한 어휘를 준비해 둬야 한다. 어휘는 자연스럽게 늘어나는 것이 아니라 독서를 비롯해 다양한 경험 속에서 키워지는 것이다. 이미 오노 스스무의 글을 소개한 것처럼, 가령 평생에 한 번밖에 사용하지 않을지라도 그것을 각오하고 많은 어휘를 자신 안에 담아 두는 것이 바로 풍족한 생활이다.

모든 것을 '쩐다'라는 단어 하나로 끝내는 세상은 편리하고 효율적일지 모른다. 하지만 그 편리함에 익숙해져 버리는 것은 실은 극히 얇은 문화적 토양에 다양한 씨앗을 뿌리는 것과 같은 일일 것이다.

특수한 슬픔

'쩐다'는 다양한 형용사의 응축체다. 이런 응축체인 '쩐다' 한마디로 끝내는 것이 아니라 더욱 세세한 뉘앙스를 포함한 표현으로 바꿔야 한다고 앞서 말했다.

하지만 앞에서 예로 든 다양한 상태나 감정을 나타내는 말('부드럽다' '맛깔스럽다' 등) 또한 최대공약수 같은 형용사다. 그 사람의 독자적인 표현이 아니라 누구에게나 통용되는 표현이라는 점에서 '쩐다' 또한 그렇게 잘못된 말은 아니라는 반론도 가능하다.

비약일 수도 있지만 근대 시인 중에 시마키 아카히코가 있다. 그는 아라라기파アララギ派 시인으로, 아라라기파는 '사생'寫生을 작시 이념으로 내걸었다. 왜 사생이 필요할까. 시마키는 『가도소견』歌道小見이라는 입문서에서 '슬프다고 하면 A에도 통하고 B에도 통합니다. 하지만 결코 A의 특수한 슬픔도, B의 특수한 슬픔도 나타내지 못합니다. 바로 그것 때문에 시에 사생이 필요합니다'라고 논했다.

　단카는 자신이 느낀 바를 표현하는 시의 한 형태다. 시를 막 쓰기 시작한 사람은 대부분 '슬프다' '기쁘다'라는 형용사로 자신의 기분을 드러내려고 한다. 작자는 '슬프다'고 말함으로써 자신의 감정을 표현했다고 느끼겠지만, 이래서는 작자가 '어떤 식으로' 슬프고 기쁜지 전혀 전해지지 않는다. 시마키의 말처럼 작자의 '특수한' 슬픔이 전해지지 않는다. 형용사 또한 이미 만들어진 일종의 기호에 불과하기 때문이다.

　앞서 언급한 바 있는 사이토 모키치도 시마키 아카히코와 같은 시기에 아라라기파를 이끈 근대 단카의 거장이다. 그가 어머니를 잃고 쓴 시가 있다. 시집『적광』赤光에 실린 '돌아가신 어머니' 연작이다.

　죽음에 가까운 어머니 곁에서 잠을 자는데 조용한 밤 깊어지며 먼 곳에서 고요히 우는 개구리 소리가 하늘 높이 울려 퍼지네

　목이 붉은 제비 두 마리 집의 대들보에 머무를 때 어머니는 먼 길을 떠나셨네

일본인이라면 누구나 아는 시일 것이다. 첫 번째는 고향 집에 방문해 '죽음에 가까운 어머니' 곁에서 잠을 자는 장면이다. 평소에는 신경도 쓰지 않던 개구리의 울음소리가 하늘까지 닿을 정도로 들려온다. 다만 결코 시끄러운 소리가 아니며, 고요히 하늘과 땅에 스며드는 듯한 소리다. 첫 번째 시가 말하는 것은 그것뿐으로, 그야말로 단순한 사실만 읊고 있다. 두 번째 시도 어머니가 돌아가시기 직전에 머리맡을 문득 올려다보니 목이 붉은 제비 두 마리가 대들보에 앉아 있었다, 그저 그것뿐이다.

여기에는 '슬프다'거나 '쓸쓸하다' 같은 사이토 모키치의 심정을 나타내는 말이 무엇 하나 사용되지 않았다. 그럼에도 우리는 그런 형용사로 표현되는 것 이상으로 내면의 깊은 슬픔을 느낄 수 있다. 생각해 보면 신기한 정신 작용이다. 문장으로는 적히지 않은 작자의 감정을 독자 대부분이 어렵지 않게 느낄 수 있다.

만약 이런 시에서 사이토의 감정을 '슬프다' '쓸쓸하다' 등의 형용사로 나타냈다면, 일반적인 감정으로 이해할 수는 있겠지만 결코 당시 사이토가 느낀 슬픔과

쓸쓸함을 정확히 표현했다고는 볼 수 없으리라. '슬프다' 혹은 '쓸쓸하다'는 최대공약수와 같은 감정 표현에 불과하기 때문이다. "결코 A의 특수한 슬픔도, B의 특수한 슬픔도 나타내지 못합니다"라고 시마키 아카히코가 말한 대로다.

단카에서는 작자가 가장 말하고 싶은 것을 굳이 말로 하지 않고 그저 독자가 느끼게 한다. 단순히 말하면 단카나 하이쿠 같은 단시형短詩型 문학의 본질이 거기에 있다.

이것은 꽤 고도의 감정 전달 사례이긴 하다. 하지만 우리는 자신의 생각이나 느낌, 사상 등을 가능하면 '이미 만들어진 말'을 사용하지 않고 자신의 말로 표현해 남에게 전해야 한다. 이 중요함을 다시 한번 되새겨야 한다.

'쩐다'만으로 충분했던 사회를 졸업하고 슬슬 실제 사회로 나설 시간이 찾아온다. 취직이라는 과제가 눈앞에 어른거리기 시작하면 순식간에 언어 사용 습관이 달라진다. '쩐다'라고 말하던 입에서 '귀사' 등 익숙하지 않은 단어가 튀어나오는 것을 보면 애처롭기 그지없다.

이것도 일종의 매뉴얼일지 모른다. 하지만 만약 내

가 회사의 면접관이라면 '귀사'라는 이미 만들어진 매뉴얼대로의 말을 쓰는 젊은이는 가장 먼저 내칠 테다. 이미 만들어진 언어 세계에서 모두가 사용하는 말로밖에 자신을 표현하지 못하는 젊은이에게서는 도무지 독창성이나 개성을 기대할 수 없기 때문이다. 그런 사람이 한 기업을 주체적으로 담당할 수 있는 인재일 리 없다.

문구 추천 기능

또 하나 놀란 것은 젊은이들이 메시지를 보내는 속도다. 핸드폰으로 번개처럼 메시지에 답하는 모습을 보면 경탄이 나온다.

실제로 그들이 메시지의 모든 글자를 타이핑하는 것은 아니다. '고'라고 치면 '고마워'라고, '안'이라고 치면 '안녕'이라고 추천 문구가 나온다. 이것을 문구 추천 기능 혹은 자동 완성 기능이라고 한다.

이 기능은 매우 편리하고 빠르지만, 이런 식으로 메시지를 주고받아서야 그저 용건을 해결하는 것뿐 대화가 되지는 않는다. 이른바 앵무새의 답변 같은 대화가 핸드폰 메시지를 통한 커뮤니케이션의 대부분을 차지하는 듯하다.

커뮤니케이션은 본래 다른 가치관을 가진 사람들이 서로 가치관이 다르다는 것을 인식하고 그것을 공유한다는 의미가 그 어원이다. 처음부터 같은 가치관과 언어로 용건을 끝낼 수 있는 친구 사이에는 애초에 커뮤니케이션이라는 말이 의미를 지니지 못한다.

본래 자신이라는 존재는 남과 다르기에 자신이며, 남과 완전히 같다면 자신이라는 존재는 의미가 없어진다. 그 차이를 서로 소중히 여긴다면 그저 맞장구나 공감만으로 대화를 이끌어 가지 않을 것이다. 남과 다른 부분에 위화감을 느끼며 가능한 한 같아지려 할 것이 아니라, 남과 다른 점이야말로 자신이라는 존재의 의의라는 것을 알아야 한다.

하지만 다들 좁은 세계에서 항상 타인과 접촉하지 않을 수 없다. 그런데 매번 타인과의 사이에서 위화감을 느끼면 좀처럼 견디기 어렵다. 가능하면 '당신과 나는 똑같다'라는 점에 안심하고 싶다. 그래서 언어의 위화감을 싫어하게 된다. '쩐다'라는 말을 이해하지 못하는 사람은 가능하면 자신들의 그룹에 없길 바란다. 배타적으로 변해 버리는 것이다.

그룹 안에서만 통용되는 말에 의존하면 그 안에 있을 때는 마음 편히 지낼 수 있지만, 바깥 세계로 나서기가 두려워 소극적으로 변하게 된다. 서로 속마음을 알고 같은 가치관을 가진 그룹을 나와 바깥 세계로 나서기를 주저하게 되는 것이다. 나아가 그룹 안에 이분자가 섞여 들어오는 것을 극단적으로 두려워하게 된다. 여기에 큰 문제가 숨어 있다. 이것이 바로 왕따가 만들어지는 전형적인 패턴이다.

청춘이라 불리는 시기에는 아무 말 하지 않아도 마음이 통하는 친구를 얻는 것도 중요하다. 하지만 사고방식이나 감성이 완전히 다른 친구를 만나는 것 또한 못지않게 중요하다. 스스로는 깨닫지 못했던 자신의 다른 면을 가르쳐 준다는 점에서 친구란 소중한 존재다. 친구를 통해 자신을 상대화해 바라보는 시선을 얻을 수 있다. 그것이 진정한 친구의 의미다.

이상한 삼인조

나는 대학 시절에 이학부 수업에서 재미있는 친구 두

명을 사귀게 됐다. 그중 한 명인 N군은 삼수를 해서 이 학부에 들어왔는데 언제나 블레이저 차림이었고, 다른 한 명인 Y군은 재수를 했는데 안경을 쓰고 언제나 구깃 구깃한 옷을 입었다. 즉 삼수, 재수, 현역 삼인조로, 내가 1947년에 태어났으니 N군은 두 살 위로 무려 포츠담선언 전에 태어난 셈이었다.

과연 포츠담선언 이전에 태어난 덕인지 삼수생 N군은 어른 티가 났고, 기회가 있을 때마다 내 지식 부족을 개탄하면서 논쟁에 나섰다. 어떤 화제에서든 나는 그를 몰아세우지 못했다. Y군은 일찍부터 정치 운동에 뛰어들어 교실에서 강의를 듣기보다 일본공산당 하부 학생조직인 일본민주청년동맹 동아리실에 있는 일이 많았다. 그의 진지한 논의를 N군이 모종의 궤변으로 농락하며 휘저을 때도 많았는데, 진지함은 때로는 진지하지 못한 태도에 굴복하는 법이다. Y군의 실천은 논리적으로 N군에게 논파당하는 일이 많았다. 세 명이 토론을 하면 언제나 가장 세상을 모르는 내가 지곤 했다.

우리 셋은 그렇게 항상 토론을 하며 서로 비아냥거리기도 하고, 때로는 다른 사람이 읽지 않은 책을 화제로 떠들어 대기도 했다. 그런 면이 어쩐지 서로 맞아 자주 함께 행동했다. 교실의 많은 다른 친구로부터 조금 벗어나 있었고, 우리를 모두 '고등유민'高等遊民이라 불렀다.

어느 날 셋이 대화를 나누다 『다키구치뉴도』에 대한 이야기로 흘렀다. 다카야마 조규의 역사소설로, 헤이케 가문을 섬기는 다키구치 무사인 사이토 도키요리와 요코부에의 비극적 사랑 이야기였다.

6년 후 옛 영화를 그리워하며 눈물로 젖은 옷소매를 쥐어짜게 되는 헤이케 가문 사람들에게 그날의 연회는 결코 잊을 수 없는 눈물 젖은 추억이 되었다. 그들은 지쇼治承* 봄의 즐거움에 빠져 이윽고 찾아올 주에이壽永** 가을의 애잔함***을 알 턱이 없었다.

이 아름다운 서두의 첫 문장은 지금도 보지 않고 낭송할 수 있다. 당시 우연히 세 사람 모두 이 아름다운 문장을 읽고 있었기에 한 명이 지금 당장 사가노****에 가지 않겠냐고 말을 꺼내자 나머지 두 명도 바로 동의해 곧장 출발했다. 이런 무계획성, 무모함이 젊음의

---

* 1177년~1181년의 연호.
** 1182년~1184년의 연호.
*** 1184년 가을에 헤이케 가문이 멸망한다.
**** 교토 서쪽에 있는 지역으로 『다키구치뉴도』의 주 무대인 다키구치데라가 있다.

특권이리라. 교토의 햐쿠만벤부터 걷기 시작해 사가노로 향한 것이 밤 10시가 넘은 시각이었다. 나는 언제나처럼 나막신을 신은 채였다.

히로사와 연못에 도착한 시간이 오전 2시 무렵. 11월 말로 단풍이 지는 계절이 지난 때라 무척 추웠다. 히로사와 연못가에서 술을 마시고 다키구치데라, 기오지에는 오전 4시쯤 도착했다. 물론 그 시간에 문이 열려 있을 리 없었다. 절문 앞에서 큰 소리로 뭐라 외친 후 그 자리를 뒤로했다. 극심한 추위에 덜덜 떨면서 아라시야마의 도게쓰교 주변에 도착한 게 오전 5시. 그때 우연히 만난 심야 메밀국숫집의 메밀국수가 무척 맛있었다. 그 반가움과 맛이 지금껏 잊히지 않는다.

이상한 친구이자 이상한 조합이었다. 내가 연상인 두 사람을 왠지 모르게 동경한 탓도 있지만, 매우 언밸런스한 이 친구들은 학창 시절에 나에게 완전히 새로운 세계를 보여 주었고, 완전히 새로운 사고방식을 가르쳐 주었다. 귀중한 친구였다고 지금도 생각한다. 왜 좋았는지 단적으로 말하자면, 세 명이 모두 그야말로 달랐기 때문이다. 외모는 물론이거니와 사고방식이나 지식의 집적 그리고 무엇보다 관심 대상까지 공통점이 하나

도 없었다. 그런 이상한 친구와 부대끼면서 나는 사회
와 타협하는 방법을 나도 모르게 배웠는지 모른다.

7

자기 자신을
평가하지 않는다

질투 속의 적의

'질투'라는 감정은 성가신 것이다. 누구나 경험한 적이 있을 테고, 지금껏 누구도 질투한 적이 없는 사람은 당연히 없을 것이다.

질투와 부러움은 어떻게 다를까. '부러워하다'는 사전에 '남이 잘되는 것이나 좋은 것을 보고 그렇게 되고 싶어 하다'라고 풀이되어 있다. 한편 '질투하다'는 '다른 사람이 잘되거나 좋은 처지에 있는 것 따위를 공연히 미워하고 깎아내리려 하다'라는 의미다.

'부러워하다'는 '자기도 그렇게 되고 싶어 하다'로 긍정적인 의미인 데 비해 '질투하다'는 '미워하고 깎아내리려 하다'로 극히 부정적이고 음습한 기운이 풍긴다. '부러워하다'에는 자신을 그 높이까지 끌어올리려는 능동적인 계기가 포함되어 있지만, '질투하다'라는 감정에는 스스로 어떻게 하겠다는 것은 뒤로 미뤄 두고 남을 방해하고 싶다는 어두운 생각이 내포되어 있다.

'질투하다'의 경우 질투의 대상은 성적이 좋거나 이성에게 인기가 있거나 돈이 많거나 등 다양하지만, 확실한 것은 그들이 자신과 그렇게 차이 나는 존재가 아니라는 점이다. 압도적으로 뛰어난 사람, 엄청난 유명인 혹은 비교가 되지 않을 만큼 잘생긴 사람이나 억만장자 등에게는 사실 질투의 감정이 샘솟지 않는 법이다.

질투나 부러움 모두 누군가와의 비교에서 생겨나는 감정이지만, 그 비교에 따른 차이가 '근소한' 경우에만 왠지 부럽고 질투 나는 감정이 솟아난다. 얼핏 생각하면 자신과 큰 차이가 나는 상대에게 그런 감정을 느껴야 할 것 같지만, 실제로는 대부분 '차이'가 없는 상대에게만 질투를 느낀다. 이상하지만 서글픈 인간의 본성이다.

이는 차이가 큰 존재는 자신과 같은 선상에 두고

생각할 수 없기 때문이다. 자신과 같은 공간에 있는 극히 가까운 동료, 작은 세상의 좁은 인간관계의 테두리 안에서만 그런 감정이 꼼짝 못할 정도로 정신을 지배한다.

신데렐라가 일으킨 변화

벌써 10년도 전의 일이지만, 우리 연구실에 석사과정으로 들어온 여학생이 있었다. 그녀는 현재 교토대학에서 조교로 일하는데, 당시 1년간 훌륭히 연구를 진행한 끝에 『사이언스』라는 생명과학 분야의 최고 잡지에 논문이 게재되었다. 그야말로 신데렐라처럼 그녀의 논문이 실렸을 때 연구실의 다른 멤버들이 명백하게 변화한 것을 피부로 느꼈다.

평소 함께 지내며 비슷한 연구를 하던 와중에 그녀의 논문이 『사이언스』에 실렸으니 자신의 연구도 비슷한 수준이 아닐까 모두가 실감하게 된 것이다. 그 후 모두의 의식이 단번에 능동적인 변화를 보인 것은 고마운 일이었다.

'근소한 차이'에 '질투'를 느끼는 것이 아니라 나와

별로 다르지 않은 그 사람이 할 수 있다면 나도 할 수 있다고 생각하는 것. 이것은 부러움이라는 감정이 긍정적인 동기로 작용한 예라 할 수 있다.

질투하지 않는 인간은 없다. 하지만 질투는 언제나 '근소한 차이'에서 온다고 생각하는 것, '근소한 차이'니까 마음만 먹으면 자신도 그 질투 대상과 같은 위치에 설 수 있다고 깨닫는 것, 그러기 위해 행동으로 옮기는 것. 그 중요함을 지금 다시 한번 생각해 볼 필요가 있다.

질투는 마음을 병들게 하고 행동을 제어한다. 아무것도 하지 않고 혼자 어두컴컴한 방에 틀어박혀 있으면 정신과 행동이 점점 소극적으로 변한다. 건강하지 않은 생각이 이윽고 망상으로 발전한다. 질투라는 감정은 '근소한 차이'로 생겨난다는 사실을 깨달으면 능동적으로 자신의 등을 밀어 줄 수도 있으리라.

'나는 도저히'

직업상 학생과 접할 기회가 많다. 즐거운 일도 많지만, 때로는 좀 더 대범하게 살아도 좋지 않을까 안타까운 생각이 들기도 한다.

바로 '나는 도저히'라는 강한 자기규정이 엿보일 때다. 자기평가가 엄격한 것이다.

이들은 언제부터 자기평가라는 습관이 몸에 배어 버린 것일까. "○○을 봐. 그 애와 비교하면 너는"이라는 말을 계속 들으며 자라다 보면 싫더라도 남과의 비교를 통해서만 자신을 바라보게 되지 않을까.

자신을 객관적으로 보는 것은 물론 좋은 일이다. 하지만 언제나 누군가와의 비교를 통해서나 합격점과의 차이를 통해서만 자신을 의식하면, 그런 부정적 자기규정은 자신의 가능성을 사전에 봉인하기 때문에 해가 될 뿐이다.

객관적 기준이 없다면 평가 자체가 성립하지 않기에 일종의 기준을 세운 후 누군가를 바라보게 된다. 그렇게 극히 한정적인 단면에 투사된 그림자가 평가라는 숫자로 변환된다. 즉 평가란 원리적으로 모두에게 같은 잣대를 들이대 판단할 수 있는 항목을 통해서만 이루어질 수 있다.

누가 채점하든 같은 결과가 나오는 대상이 아니면 평가할 수 없지만, 말할 필요도 없이 그것이 그 사람에 대한 전체적인 평가는 될 수 없다. 오히려 시험 등을 통한 평가로는 그 사람의 가장 중요한 부분을 도저히 판단할 수 없다.

나아가 시험을 포함한 모든 평가는 '현재를 포함해 바로 얼마 전'만 평가하는 것일 뿐 그 이상은 아니라는 점도 다시 한번 생각해 봐야 한다. 평가란 언제나 '현재의', 그것도 어떤 한 측면에만 초점을 맞춘 극히 한정적인 것이다.

그런데 한정적인 평가가 마치 개인의 전부를 나타내는 것처럼 여겨지곤 한다. 나아가 한정적인 '현재의' 평가가 그대로 미래에 투사되어 미래를 규정하는 주요한 요인이 되기 십상이다. 미래는 현재에 의존하지만 이어져 있지는 않다. 만약 현재가 미래를 규정하고 한정한다면, 그 요인은 자신의 힘은 이 정도밖에 안 된다는 위축된 자기규정 말고는 없을 것이다.

평가란 좋으면 자신감을 갖고 더욱 노력하고, 나쁘면 그것을 분석하고 극복하기 위해 대책을 세우는 용도로서만 의미를 지닌다. 그런데 평가 자체가 목적이 되어 버린 결과, 평가를 살리는 것이 아니라 거기에 얽매이는 경우가 압도적으로 많은 것이 현실이다. 더구나 현재의 평가가 미래의 자신을 결정해 버린다. 이런 평

가에 대한 의존은 본말전도이자 그야말로 의미가 없다
는 사실을 자각해야 한다. '나는 이 정도밖에 안 되는 사
람이야' 같은 가격표를 내걸고 세상을 살아가는 듯한
젊은이가 너무 많아 걱정이다.

자신의 위치를 결정하지 않는다

제삼자에 의한 평가라면 타인이 제멋대로 하는 것이기
에 나와는 관계없다고 무시할 수 있다. 하지만 자기평
가라면 스스로 내린 평가이기에 아무래도 그것에 얽매
이게 된다. 그런 불필요한 얽매임은 우리에게 아무런
도움도 안 된다.

자신이 서 있는 위치를 미리 정해 두면 안심이 되
긴 할 것이다. 하지만 그런 안심은 때때로 '그럭저럭 이
정도면 괜찮지 않을까'라는 소극적인 마음으로 변하기
쉬우며, 큰 꿈을 꾸기는 무리라는 체념으로 이어지기
쉽다.

평가 따위 알 게 뭐야, 평가하고 싶은 사람은 그렇
게 하라지 정도의 기개를 가지고 자신의 위치를 굳이
정하지 않는 것. 불안하기는 하겠지만 안이한 자기규

정으로는 결코 열 수 없는 본래의 가능성을 열어젖히는
계기로 분명히 이어질 것이다.

안이하고 소극적인 자기규정과 자기평가에서 벗
어나기. 자신을 평가하려 하지 않고 공중에 매달린 상
태의 불안함 속에 놓아두기. 그런 '미결정 상태'야말로
어떤 계기가 생겼을 때 단번에 그것에 매진할 수 있는
추진력이 된다. 안정된 자기규정에서는 그런 추진력이
생겨나지 않는다. 자신의 가능성은 자신조차 아직 모른
다는 것을 잊어서는 안 된다.

외톨이석

어떤 신문에서 '외톨이석席'이라는 제목을 보았다. 낯선
단어라 무심코 내용을 읽어 보게 됐다. 교토대학 학생
식당에서 식탁에 칸막이를 설치해 다른 사람에게 보이
지 않게 혼자 밥을 먹을 수 있도록 한 것이 꽤 큰 호평을
얻고 있다는 기사였다.

커다란 식탁에서 혼자 밥을 먹으면 주변 사람에게
친구가 없는 것처럼 보일 수 있어 불편하지만, 칸막이
가 있으면 주변 시선을 신경 쓰지 않고 차분하게 밥을

먹을 수 있다고 한다. 외톨이처럼 밥을 먹으니 '외톨이석'이란다.

이 기사를 보고 놀라자, 누가 그뿐만이 아니라고 말했다. 놀랍게도 '화장실밥'이라는 말도 있다고 한다. 혼자 밥을 먹는 모습을 보이고 싶지 않다는 생각이 강해서 누구도 볼 수 없는 화장실 칸 안에 들어가 점심밥을 먹는다는 것이다. 사실의 진위는 알 수 없지만 '화장실밥'과 '외톨이석'은 그 뿌리가 같다.

그 기분을 모르는 바는 아니다. 하지만 그들이 필요 이상으로 의식하는 것은 '다른 사람의 눈'이다. 점심을 같이 먹을 친구가 없는 것을 부끄럽게 여기는 것을 런치메이트 증후군이라 부른다고 한다. 혼자 있는 것 자체가 부끄러운 게 아니라 다른 사람에게 보이는 것이 부끄럽다는 말이다. '다른 사람의 눈'이 말없이, 하지만 강하게 전하는 것은 '친구가 없는 사람은 쓸모없는 인간'이라는 메시지다.

이런 의식이 젊은 세대에게 선천적인 기질로 정신의 깊은 곳에 새겨진 것 같다는 생각마저 든다. 혼자 있는 불안을 견뎌 내지 못하고 언제나 친구와 함께 행동하려 한다. 그러지 못하면 왕따의 대상이 되기도 한다.

일본은 긴 세월 동안 폐쇄적인 사회였다. 그런 사회에서는 결속하지 않으면 각자가 살아갈 수 없다. 다른 사람과 함께 행동하지 못하는 인간은 따돌림을 당하고, 마을 공동체에서 살아갈 수 없게 된다.

현재 아이들의 사회를 바라보면 이런 따돌림 의식이 강하게 남아 있다고 여겨질 때가 있다. 왕따의 많은 수가 거기에 뿌리를 두고 있으며, 직접적 폭력 이상으로 '무시'에 기반한 왕따 행위가 증가하고 있다.

그런데 애초에 친구와 함께 있는 것이 옳다는 관념이 어디에서 만들어졌는지 생각해 볼 필요가 있다. 초등학교에서 이미 따돌림이 행해지고 있다. 그렇다면 초등학생은 어디에서 그것을 배운 것일까.

본래 혼자인 존재

어쩌면 부모나 선생이 혼자 있는 것은 좋지 않다고 무의식적으로 아이들에게 가르치는지도 모른다. 학교나 가정에서 '좋은 친구를 만들어야 해'라고 반복해 말한다. 언제나 그런 메시지에 노출되다 보면, 친구가 없는 것은 자신에게 문제가 있어서라고 믿고 자신을 탓하게 된다. 항상 친구에게 둘러싸인 아이가 빛나 보이고, 친구가 없는 아이는 위축되고 만다. 그런 아이가 왕따의 대상이 된다.

초중고로 이어지는 이런 구조가 대학에까지 영향을 끼친다면, 그건 분명코 간과할 수 없는 일이다. 초등학생이나 중학생에게 혼자가 되라고 말할 수는 없지만, 대학생이나 되어서 무리를 짓지 않으면 불안해서 어쩔 줄 몰라하는 건 이상하다. 그런 이상한 상태가 표면화된 것이 '외톨이석'이라면, 슬슬 학생들에게 고독해지는 것의 의미와 가치를 제대로 전달해야 하지 않을까.

'친구가 많은 것은 친구가 전혀 없는 것이다'라고 아리스토텔레스는 말했는데, 체면을 지키기 위해 친구가 필요한 것이라면 옛 철학자의 말을 부정하기 어려우리라.

하루 중 혼자 있는 시간을 확보하는 것, 나아가 고독해지는 시간을 확보하는 것. 그렇게 누구의 간섭도 없는 장소에서만 확인할 수 있는 자기 자신이 있다. 인간은 본래 혼자인 존재로, 가끔 친구와 함께 지내는 것이 기본이다. 항상 누군가와 함께 행동하지 않으면 불안하다는 것은 결국 자신이라는 존재와 정면으로 마주하기를 피하는 것이기도 하다. 혼자서 자신과 마주하는 것이 두렵기에 언제나 친구가 옆에 있어 주길 바라는 것이다.

혼자서 당당히 밥을 먹는 것이 아무렇지 않다고 생각할 수 있는 환경을 만들어야 한다. 대학생에게 이제 와서 혼자가 되라고 가르치는 것은 바보 같은 일이다. 하지만 고독을 아는 것이야말로 자립이고, 고독에서 자신이 자신임을 확인할 수 있다는 사실을 알아야 한다.

고독은 두려워할 대상이 아니다.

三

사고의 발판을

어떻게 만들까

1

서로 다른
두 가지 일을 동시에
하는 의미

한 길만 걷는 것의 미학

나는 시인으로 소개받을 때가 있는가 하면, 세포생물학자 혹은 대학교수로 소개받을 때도 있다. 강연을 앞두고는 마치 수식어처럼 '문학과 과학 모두 하고 계시는'이라고 소개받는 일도 많아졌다. 그다지 어울리지 않는두 가지 일을 동시에 한다는 것이 특이하기 때문일까. "훌륭하시네요"라는 인사를 받을 때도 많지만, 실은 그럴 때마다 몸 둘 바를 모르겠다. 지금까지 40년 인생동안 그랬다.

'한 길만 걷는 것의 미학'이라는 전통이 있다. 누구나 한 가지 일에 모든 것을 쏟아붓는 모습이야말로 아름답고 존경할 만하다는 의식을 강하게 품고 있다. 반대로 두 세계에 발을 담그고 있으면 어느 한쪽에도 뛰어나지 못한 어중간한 사람이라고 생각하기 쉽다.

마쓰오 바쇼는 '마침내 무능하고 재능이 없어 오직 이 외길로 이어지다'라는 말을 남겼다. 이것은 단순히 외길을 걷는 것을 찬미한 게 아니지만, 일반적으로 외길을 고집하는 것이 존경할 만한 일이라는 문맥에서 인용될 때가 많다.

외길이라는 미학은 세상의 풍조이기도 하지만, 문제는 이 같은 정서가 다른 사람도 아닌 나 자신에게도 여지없이 남아 있었다는 점이다.

연구자는 제한 시간이 없는 직업이다. 물론 대학은 하나의 직장이며, 근무시간이 정해져 있다. 하지만 연구자의 관점에서는 어디까지가 연구 시간이고 어디부터가 그 외의 사적인 시간인지 구별하기가 극히 어렵다. 뭔가 문제가 생겼다면 집에 돌아가서도 그것이 머리에서 떠나지 않으며, 그 문제를 해결하기 위한 문헌을 주로 집에 돌아간 뒤에 읽게 된다. 연구실에 있는 동안에는 실험에 시간을 뺏겨 현실적으로 문헌을 읽을 시간이 없다.

그뿐 아니라 주변에는 국내든 국외든 우수한 인재 뿐이다. 특히 과학 분야에서는 연구자의 실적과 성과가 다른 분야와 비교해 객관적이고 공평하며, 모두의 평가가 거의 일치할 때가 많다. 그런 성과와 실적은 연구에 대해 얼마만큼 사색을 했는지, 자신의 아이디어를 증명하기 위해 얼마만큼 실험에 시간을 쏟았는지에 크게 좌우된다.

떳떳하지 못한 느낌에 괴로워하다

그런 연구자라는 직업에 종사하며 한편으로는 시인으로서도 같은 무게로 일을 해 왔다. 그러는 동안 '어딘가에서 자신을 속이는 것은 아닐까' 하는 떨쳐 내기 힘든 '떳떳하지 못한 느낌'이 언제나 나를 괴롭혔다. 다른 사람에게 손가락질당하고 싶지 않다는 일념으로 남보다 많이 일했다. 그것을 무엇보다 중시해 왔다.

내가 젊었을 때 쓴 시 중에 이런 게 있다.

졸리다 졸리다 복도가 졸리다 바람이 졸리다 졸리다
졸리다라고 폐가 중얼거린다

— 나가타 가즈히로, 『향정』饗庭

  절로 미소가 번지는 시다. 매우 짧은 시에 '졸리다'가 무려 여섯 번이나 반복된다. 상당히 졸렸던 모양이다. 이 시를 읽을 때마다 안타까운 마음이 든다. 무리해서 노력하던 시기였다.

  그 무렵에는 언제나 졸렸다. 나의 과학 스승인 이치카와 야스오 교수는 "자네는 어디에서든 순식간에 잠이 드는군"이라며 질려 했지만, 정말로 졸려서 견딜 수가 없었다. 수면 시간을 줄여 가며 일하는 것 말고는 내면의 떳떳하지 못한 느낌을 달랠 방법이 없었기 때문이다. 지금 생각하면 필요 이상으로 자신을 무장하고 있었다.

  감사하게도 나는 서른아홉 살에 교토대학 교수가 되었다. 미국 국립위생연구소 산하 국립암연구소NCI에서 2년간 연구 생활을 하고 귀국한 해였다. 교토대학 흉부질환연구소에 취임했다. 미국으로 건너가기 전부터 몸담았던 연구소로 전임인 이치카와 야스오 교수의 후임인 셈이었지만, 그렇다 해도 30대에 교수가 되는 것은 당시에 꽤 특수한 경우였다. 이후 5년여 동안 의

학연구과에서도 가장 젊은 교수였다.

자신의 연구실을 갖게 된 후에는 한편으로 대학원생에게 연구에 집중하라고 말하면서 자신은 연구 외에 문학을 한다는 딜레마에 괴로워했다. 언제나 내 안에서는 비명을 지르고 있었다.

소중한 젊은 재능을 맡고 있다는 책임감이 매우 컸을 뿐 아니라 연구실 책임자로서 변명은 일절 통용되지 않았다. 그럼에도 나는 도저히 단카나 문학을 그만둘 수 없었다. 그 이유를 여기서 전부 말하기는 어렵지만, 어찌 됐든 그 모순에 이치를 맞추기 위해서는 수면 시간을 줄이는 것 말고는 방법이 없었다. 당연히 연구실에서 문학 이야기는 절대 금지였다. 내가 금지했다기보다 내가 보이는 어떤 유의 날카로운 태도에서 학생들이 자연스레 헤아렸던 것 같다. 당연히 그들은 내가 쓴 글이나 단카 작품을 읽었을 테지만, 그것을 입에 담길 꺼렸다. 두 가지 일을 동시에 한다는 것은 그 정도로 나 자신을 옭아매는 강한 밧줄이었다.

다른 사람 앞에서 두 가지 일을 한다고 어떻게든 말할
수 있게 된 것은 50대 중반이 지나서였다.

인터뷰 등을 하면 매번 "과학과 문학이 도대체 무
슨 관계가 있나요" "한 사람이 두 가지를 동시에 하는
의미가 어디에 있나요" 같은 질문을 받았다.

젊었을 때는 나 또한 단단히 무장한 상태였기에
"과학과 문학 모두, 나아가 단카 또한 어느 쪽이든 사람
이 알지 못하는 것을 어떻게든 자신만은 알고 싶어 한
다는 점, 그러기 위해 실험도 하고 상상력을 움직이기
도 하며 자기 나름의 답을 얻는다는 점이 공통점이지
요"같이 답하기도 했다. "그렇군요"라며 납득하고 돌아
가지만, 물론 내 말은 내가 실감하는 것과 아주 거리가
먼, 그저 이론에 가까운 답에 불과했다.

꽤 시간이 지나고 나서야 스스로 납득할 수 있는
답이 불쑥 떠올랐다. 그것은 과학과 문학을 한 인간이
한다는 것에 아무런 이유도 의미도 없다는 것이다. 그
사실을 어느 순간 문득 깨달았다. 지금 생각하면 당연
한 것 같지만, 무언가 계시를 받은 것처럼 마음이 들썩

였던 기억이 지금도 난다.

과학이 좋아서 그만둘 수 없었다. 문학, 특히 단카에 빠져 그것이 인생의 일부가 되고 말았다. 그 두 가지가 내 안에서 만난 것은 우연이었지만, 둘 다 버리지 않고 40년 이상 해 왔다. 그 '해 왔다'라는 점이야말로 의미가 있다.

한 인간이 아무 연관성도 없는 것을 어찌 됐든 수십 년에 걸쳐 동시에 해 왔다. 그 시간이 분명 내 안에 존재했다는 사실이야말로 내 인생의 시간 자체였으며, 그 두 가지에 의미가 있는 것이 아니라 양쪽을 품고 해 왔다는 것 자체에 의미가 있다. 그렇게 깨달은 것이 50대 중반 정도였다. 꽤 먼 길을 돌아왔다는 생각은 들지만, 줄곧 떳떳하지 못한 느낌과 싸워 왔기에 얻게 된 사소한, 하지만 자신감을 가질 수 있는 결론이었다.

과학자와 시인이라는 두 길을 걸어오면서 한편으로는 내가 생각의 전환이 빠른 사람이라는 사실에 만족을 느끼기도 한다.

때로는 시인 나가타가 과학자 나가타를 바라본다. 과학자 나가타가 시인 나가타에게 질문을 던질 때도 있다. 그런 두 세계의 '나'가 서로를 비교하는 관계, 상대화할 수 있는 관계라는 것은 제법 도움이 된다. 작은 평가에 얽매여 움츠러들었을 때 또 하나의 '나'가 그런 건 사소한 일일 뿐이라고 속삭여 준다. 그 속삭임은 때로 오도 가도 못하고 침울해 있는 내게 희미한 빛과 은은한 바람을 느끼게 해 준다.

작은 공간에 틀어박히지 않는다

그리고 무엇보다 이렇게 오랫동안 두 가지 일을 하다 보니 나름대로 좋은 점도 있다. 그중 하나는 '내가 있는 곳은 이곳뿐'이라는 폐쇄감에서 벗어날 수 있다는 점이다. 작은 하나의 세상에만 틀어박힌 꽉 막힌 사고방식에서 해방될 수 있다.

회사든 학교든 결국 자신이 있는 장소는 좁은 공간이다. 아무리 큰 회사라도 하루하루의 생활공간은 가령 영업부 같은 '부' 혹은 '과' 혹은 그중 하나의 그룹에 불과할 것이다. 하루하루의 직장 동료도 많아야 열 명 정도다.

그런 좁은 공간에 동료나 선배, 상사가 있으며, 때로는 평가받기도 하고 크게 질책당하기도 한다. 혹은 동료로부터 기피당하기도 한다. 그런 와중에 나쁜 평가를 받게 되면 모든 것을 부정당한 느낌이 들 수 있고, 인격 자체가 부정당한 듯해 매우 침울해질 수 있다.

이곳밖에 모르는 사람에겐 이곳만이 살아갈 장소다. 이곳에서 부정당하면 달리 도망칠 곳이 없다. 친구 관계라면 겨우 몇 명의 친구와 사귀는 것이 세상의 전부인 양 착각하게 되고, 그 속에서의 인간관계, 친구들의 평가와 좋고 싫음이 '절대적'인 것이 되어 이 또한 도망칠 곳이 없다. 아이들이 자살하는 주요 원인이 여기에 있다.

그런 것이 전부가 아니며, 바로 옆에 다른 세상이 있고 다른 시원한 바람이 불고 있다는 것을 어떻게 알려 주면 좋을까.

미국에 살던 내 아들은 중학교 1학년 때 일본으로 돌아왔다. 곧장 시가현의 고향 근처 중학교로 편입했지만, 미국의 자유로운 학교생활에 익숙해 있던 아들은 엄격한 규제로 가득한 시골 학교에 적응하지 못했다. 활발하고 잘 떠들던 아이가 점차 입을 열지 않게 되고 기운이 없어지는 모습이 부모의 눈에도 훤히 보였다.

이때 아내가 갑자기 힘을 냈다. 전철로 40분 정도

걸리는 곳에 있는 다른 사립 중학교 이야기를 꺼낸 것이다. 곧장 그 중학교에 찾아가 선생과 이야기를 나누고 수업도 참관해 보니 마음에 쏙 들었다. 2학년 때부터 그 중학교에 다니게 되었는데, 아들의 달라진 모습이 극적일 정도였다. 2주 정도 만에 완전히 활발함을 되찾았고, 바보 같은 일을 즐거워하는 예전의 아이로 돌아왔다.

특히 아이들의 왕따 문제를 생각할 때, '이곳만이 전부가 아니다'라는 메시지가 얼마나 중요한지 주변 어른들이 깨달아야 한다. 하나는 구체적인 '공간'으로서 다른 장소의 존재다. 지금은 이 반에서 싫은 녀석과 늘 얼굴을 마주해야 하지만, 만약 싫다면 언제든 전학해도 된다고 제안할 수 있어야 한다.

공간적인 다른 장소 외에 시간적인 다른 장소의 존재도 중요한 요소다. 폐쇄된 좁은 공간에서 느끼는 답답함은 이 상황이 언제까지 이어질지 전망이 보이지 않을 때 생겨나기도 한다. 예를 들어 앞으로 3개월만 참으면 이 장소에서 벗어날 수 있다는 것을 알면 어떻게든 그 3개월을 견딜 수 있다.

지금의 장소를 견디지 못해 비극적인 선택을 하는

경우는 언제쯤 이곳에서 벗어날 수 있을지 전망이 보이지 않아서일 때가 많다. 구체적인 시간을 제시하고, 그 시간은 전체 인생을 볼 때 극히 짧은 시간이라는 점을 알려 줘야 한다. 그리고 그런 시간이 다른 세상을 불러다 줄 수 있다는 것도 깨닫게 해야 한다.

자신이 지금 이 장소에 있는 것은 많은 수의 가능성 중에 우연히 선택된 하나에 불과하다고 생각해야 한다. 회사든 학교든 이곳 말고는 자신이 있을 곳이 없다고 생각하면 누구든 질식해 버리고 말 것이다.

2

모두가 오른쪽을 바라본다면
한 번쯤은 왼쪽을 바라보자

음성 피드백 제어

'과한 건 부족한 것만 못하다'라는 공자의 말이 있다. '너무 짜낸 주스는 쓰다'처럼 비슷한 속담이 영어에도 많다. 너무 과도하거나 지나친 것을 경계하는 것은 만국 공통의 감정인 듯하다.

개체 수준이든 세포 수준이든 생명이 항상성을 유지하기 위해 언제나 '현재'로부터 크게 벗어나지 않고자 제어하는 기제가 있다. 과한 것을 원래대로 돌리는 기제를 피드백 제어, 특히 '음성 피드백 제어'라 한다.

어떤 단백질이 필요해지면 그 단백질의 합성을 명령하는 스위치가 켜지고, 대개 그 생산물이 충분히 축적되면 이번에는 스위치가 꺼진다. 생성된 단백질 스스로 이미 충분하다며 스위치를 끄는 것이다. 산물이 적을 때는 더 생산하고, 쌓였을 때는 스스로 생성 스위치를 끈다. 그야말로 음성 피드백 제어다.

기본적으로 생명은 보수적이다. 가능한 한 '달라지지 않는다'라는 전략을 우선시해 자기동일성을 확보한다. 하지만 달라지지 않으면 자손을 남기는 것, 즉 자기확산(자기 복제)을 할 수 없다. '달라지면서도 달라지지 않는다.' 이 본질적인 딜레마를 정교한 메커니즘으로 극복하는 것이 세포를 기본 단위로 한 생명 활동이다.

그런 '생체의 항상성'이라는 생명의 중요한 본질은 사실 세포 수준에서도 자기와 타자 혹은 자기와 환경과의 힘겨루기 속에서 형성된다. 우리는 그런 정교한 생명 활동의 메커니즘에 언제나 놀라고 감동한다. 진화의 시행착오로 생겨났다고는 도저히 생각하기 어려울 만큼 정교한 기제에 의해 생명 활동이 이루어진다는 것을 과학과 그다지 연이 없는 일반 독자와 공유하고 싶어 『생명의 안과 밖』이라는 책을 쓴 바 있다.

한편 '양성 피드백'이라는 기제도 있다. 산물 생성

에 더욱 액셀을 밟는 경우다. 가령 상처에서 피가 나는 것을 막으려면 혈액이 응고되어야 한다. 혈액 응고에는 많은 단백질이 관여하는데, 양성 피드백에 의해 일단 스위치가 켜지면 그런 단백질이 활성화되어 혈액이 응고될 때까지 멈추지 않는다. 마지막까지 가 버리는 것이다.

항상성을 유지하기 위해서는 음성 피드백이 필수인 데 비해, 양성 피드백은 '갈 때까지 가 보자'라는 제어다. 기다리는 것은 카타스트로프(파국)다.

인간계에서도 이것은 성가신 일이다. 이른바 패닉이란 양성 피드백에서 유래한다. 국가적인 사건이나 문제가 터졌을 때 전국의 슈퍼에서 휴지나 인스턴트식품 등을 사재기하는 일이 종종 벌어지곤 한다.

이런 패닉은 대개 불안이 불안을 증폭하고 그것이 일정 한도를 넘어섬으로써 질적 전환이 이루어져 발생한다. 단순한 불안이 어느 시점부터 현실화되고(실제로 휴지가 동난다) 그것이 가시화되고 증폭되어(텔레비전 등의 보도) 상황을 한층 더 확신하도록 밀어붙이는 힘이 된다.

처음에는 반신반의하면서 좌우를 슬슬 둘러보던

사람들도 상황이 가시화되기 시작하면 그것을 의심해 보던 처음의 자세에서 일변해 어떻게든 대처가 늦어서는 안 된다며 다급해진다. 그러면 그야말로 소문이 사실 혹은 진실인지 아닌지는 중요하지 않고, 지금 모두가 슈퍼로 달려가는 흐름에서 혼자 따돌림당하지 않을까 하는 생각이 머릿속을 가득 채워 버린다. 정상적인 판단력과 비판력이 가련할 정도로 무력해지는 것이다.

우리는 연약하다

나는 언제나 학생들에게 "모두가 오른쪽을 바라본다면 한 번쯤은 왼쪽을 바라보라"고 말한다. 말은 쉽지만 실제로 행하기는 좀처럼 어렵다는 것은 잘 안다.

인간은 무척이나 연약한 존재다. 사회의 움직임, 보다 확실히 말하면 매스컴이나 미디어의 언설에 휘둘리기 쉽다. 특히 사회 정세에 관해서는 자신이 열심히 알아보고 조사하지 않는 한 미디어에서 흘러나오는 정보에 의존하지 않고 다른 판단 수단을 갖기란 매우 어렵다. 자연히 모두가 같은 방향으로 얼굴을 향하게 되기 십상이다.

누군가 강한 메시지를 내놓으면 곧장 그쪽으로 마음이 가는 것이 대중이라는 존재다. 찬찬히 생각해 보면 누구나 자신 또한 그런 경향이 있다는 사실을 깨달을 것이다.

특히 신문이나 텔레비전에서 평론가나 해설가가 그럴싸한 말을 하면, 스스로 생각하지 않고 그것에 휩쓸리는 일이 많다. 자신이 잘 모르는 분야에 관해서는 그런 경향이 특히 더 강하다. 아무리 스스로 생각한다 하더라도 권위가 있는 매스컴이나 그 분야의 대가를 당해 낼 수는 없다고 생각해 버린다. 그렇기에 생각해 보려고도 하지 않고 그런 의견을 받아들인다. 그런 경향이 분명 다들 마음속 어딘가에 있을 테고, 물론 내 안에도 있다.

모두가 옳다고 말하면 한번 의심해 보는 것. 한 번이라도 좋으니 왼쪽을 바라보는 것. 대개는 자신의 생각이나 판단이 잘못된 경우가 많다. 그래도 상관없다. 모두가 바라보는 쪽과 반대쪽을 바라보는 행위를 몸에 익을 때까지 의식하며 시도해야 한다.

모두가 한 방향으로 향하기 시작하면 수상하다고 여기며 일단 의심해 본다. 그 정신적 여유와 자기가 서 있는 위치를 스스로 정하는 태도가 양성 피드백에 따른 카오스를 막아 줄지 모른다. 불과 70~80년 전쯤 '일억 옥쇄'—億玉砕* 등의 구호를 크게 외치며 모든 국민이 눈 사태처럼 전쟁에 휩쓸려 들어갔던 역사를 반복해서는 안 된다.

'그럴싸한' 말의 수상함

나는 이미 50년 이상 시를 써 왔다. 그렇게 시를 쓰는 사이에 나도 모르게 사람들이 일상적으로 사용하는 '그럴싸한' 말에 경계심이나 혐오감이 강해졌다. 어느샌가 누구나 평범하게 사용하는 말, 쉽게 상대에게 동의를 구할 수 있는 말은 일단 삼키고 보는 습성이 붙어 버렸다.

생각해 보면 일상적으로 이루어지는 회의는 이미 정해진 말만 반복하는 자리다. 대단한 사람의 인사말도 어디에선가 들어 본 적이 있는 듯한 문구로 가득한 경우가 많다. 분명 일상생활에서는 그것으로 충분할지 모른다. 매일 얼굴을 마주치는 옆집 사람에게 "안녕하세요. 오늘은 강물 소리가 참 맑네요"라고 인사하면 상대

---

* 전 국민을 전쟁에 동원하기 위해 사용한 말.

방이 이상한 표정으로 바라볼 것이다.

하지만 너무 빠르게 상대방과 이어질 수 있는 말은 대개 수상하기 그지없다. 그것은 사전에 상대방도 예상할 수 있는 내용을 더듬는 말일 뿐이기 때문이다. 사고의 큰 틀 자체를 이미 공유하고 있다는 안도감을 기반으로 이루어지는 단순한 가교로서의 말이기에 여기에서 신선한 놀라움과 기쁨을 만날 수는 없다. 그저 서로 아는 내용을 확인할 뿐 자신이 직접 생각해 낸 말이 아니기 때문이다.

상대와 일대일 관계 속에서 그 자리에 맞게 새롭게 빚어내는 말이 아니고는 상대방의 마음에 가닿을 수 없다.

말은 궁극의 디지털

아날로그나 디지털 같은 말도 이제 평범하게 사용하는 말이 되었다. 디지털은 디지트digit, 즉 손가락에서 유래한 말이다. 손을 꼽으며 수를 세는 것처럼 이산적離散的인 양의 표시다.

아날로그는 연속량連續量이라고 번역되는 경우가

많지만, 애초에 ana(유사한)와 log(논리)에서 유래한 말이다. 어떤 양을 다른 무언가의 양으로 바꿔 표시하는 것. 시간이라는 연속량을 문자판 위 침의 각도로 표시하거나, 온도를 수은 기둥의 높이로 표시하는 것이 아날로그다. 한편 디지털시계에서는 연속량인 시간을 수치화한다. 표본화한다고 해도 좋으리라. 연속량을 이산량으로 표본화하는 작업이라 아무리 세세하게 나눠도 양과 양 사이에 빈틈이 생긴다.

우리는 아날로그 세계에 살고 있다. 1분 2분이라는 단위와 관계없이 시간은 우리 안을 흐르고 있다. 공기나 냄새에도 경계는 없으며 수치화하는 것은 물론 불가능하다.

그런 세계에서는 감각으로 아날로그를 파악할 수 있지만, 그것을 표현하기는 불가능하다. 표현한 순간 그것은 아날로그에서 디지털로 바뀌어 버리기 때문이다. 아날로그 세계는 표현 불가능성을 기반으로 성립한다고도 할 수 있다. "오늘은 38도나 됐다"라고 하면 38도라는 수치는 이해할 수 있지만, 그 사람이 느낀 더위는 38이라는 수치에서 찾을 수 없다.

하지만 수치화만이 디지털화는 아니며, 말로 무언

가를 표현하는 것은 모두 디지털화라고 볼 수 있다. 언어로 표현하는 것은 대상을 떼어 내서 알맞은 말로 배분하는, 즉 분절화하는 작업이다. 외계의 무한한 다양성을 유한한 언어로 나누는 작업인 것이다.

커다란 나무 한 그루가 있다. '커다란'이라는 말을 선택한 이면에는 '올려다볼 수밖에 없는'이나 '하늘에 닿을 것 같은' 등의 잠재적인 가능성을 가진 다른 표현이 셀 수 없이 많이 존재한다. 그런 가능성을 전부 단념하고 사상捨象한 결과, '커다란 나무'라는 편의적인 표현이 나온 것이다. '커다란 나무'는 그 나무의 속성 중 일부지만, 나무의 전체 특성에는 조금도 미치지 못한다. '말로는 다할 수 없다'라는 표현 자체가 말의 디지털성을 잘 드러낸다.

커뮤니케이션은 아날로그의 디지털화

사람은 자신의 감정을 제대로 나타낼 수 없을 때 언어의 디지털성을 통감한다. 말과 말 사이에 있을 터인 보다 적절한 표현을 찾고자 분투한다. 감정을 포함한 아날로그 세계를 디지털 표현으로 바꾸려는 시도가 바로 시나 문학에서의 언어 표현이다.

때때로 커뮤니케이션의 중요함을 언급하곤 하지만, 우리는 디지털을 디지털로 변환하는 것뿐인 작업을 커뮤니케이션이라고 착각할 때가 많다. '이 문장이 의도하는 바를 50자 이내로 정리하라' 식의 말의 지시 기능에 대한 반복 레슨은 디지털 표현을 다른 디지털 표현으로 변환하는 연습에 지나지 않는다.

애초에 언어화할 수 없는 아날로그로서 감정이나 사상이 있는데, 그것을 어떻게든 언어로 디지털화해 상대방에게 전하는 것이 커뮤니케이션의 기본이다. 헤이본샤에서 나온 『철학사전』에서는 커뮤니케이션을 '보내는 사람이 기호를 매개로 지각, 감정, 사고 등 각종 심리적 경험을 표현해 그 내용을 받는 사람에게 전하는 과정'이라고 정의한다. 여기에서 말하는 '기호'란 사람의 경우라면 언어가 되지만, 동물의 경우라면 울음소리나 몸짓, 위협과 같은 아날로그적 표현이 커뮤니케이션의 '매개' 수단이 된다. 사람만이 예외적으로 커뮤니케이션에 디지털을 이용한다.

언어를 매개로 하기 때문에 받는 사람은 기본적으로 언어가 품고 있는 사전적 정보 자체를 보내는 사람이 전하고자 하는 전부라고 생각하기 쉽다. 하지만 보내는 사람의 내부에서 이루어지는 아날로그의 디지털화는 대부분 충분치 않을 때가 많다. 특히 복잡한 사고나 애매한 감정 등은 디지털화가 불완전하게 이루어진 채 전달된다.

따라서 전달받는 쪽은 언어를 단순히 디지털 정보로서 그 사전적 의미만 읽어 낼 것이 아니라, 디지털 정보의 틈새로 새어 나간 상대방의 마음이나 감정을 자신의 내부에서 재현하는 노력을 거쳐야 한다. 그래야만 커뮤니케이션이 성립한다. 진정한 커뮤니케이션은 상대방이 언어화하지 못한 '틈'을 읽어 내려 노력하지 않으면 이루어지지 않는다. 그것이 디지털 표현의 아날로그화이자 달리 말해 '헤아림'이라 할 수 있다.

3

메일과 문자의
공과 죄

300통의 러브레터

편지를 쓰면 답장이 기다려지는 법이다. 얼른 답장이 오지 않을까 마음이 달뜬다. 답장이 와서 허겁지겁 봉투를 열 때 느끼는 두근거림은 잊히지 않는다. 그것이 러브레터인 경우에는 더더욱.

세상을 뜬 나의 아내 가와노 유코의 유품을 정리하러 고향 집에 갔을 때 상자에 담긴 러브레터 다발을 발견했다. 그녀가 내게 보낸 것과 내가 그녀에게 보낸 것을 합쳐 300통 정도 되었다. 나는 몰랐지만, 둘이 각각 보관해 오던 것을 함께 모아 소중히 상자에 담아 고향 집의 서랍장에 보관해 둔 듯했다.

대부분이 봉투가 있는 편지였다. 서로의 가족에게 그다지 보이고 싶지 않다는 생각도 있었지만, 그보다 짧은 엽서에는 도저히 다 담을 수 없는 마음을 전하고 싶다는 생각이 컸으리라.

답장은 몹시 기다려지는 법이지만, 너무 빨리 돌아오면 오히려 흥이 깨지기도 한다. '기다리다'라는 기대의 시간을 빼앗겨 버리기 때문이다. 어떻게든 자신의 마음을 상대방에게 전하고 싶다는 생각에 필사적으로 말을 빚어내 시간을 들여 편지를 써서 보냈는데, 어이없을 만큼 빨리 답이 돌아오면 그 기쁨이 조금 희석되는 기분이 들지 않을까.

하물며 지금은 메일과 문자의 시대다. 트위터나 메신저 등 나는 도저히 따라갈 수 없는 세계가 펼쳐지고 있다는 사실을 통감하지만, 지금은 구식이라고 느껴질지 모르는 메일조차 그 내용이 극히 짧아지고 있다고 느끼지 않을 수 없다.

더욱이 핸드폰 문자의 세계에서는 문자가 오면 바로 답을 하는 것이 당연하게 여겨지는 듯하다. 답변을 이삼일 정도 묵혀 뒀다 보내지는 않는다. 곧장 답을 보내지 않으면 친구 관계가 끊긴다는 말을 들은 적도 있는데, 사실일까.

답문을 빨리 보내는 것을 우선하다 보면 내용에 깊이가 없어지고 짧아지는 것이 당연하다. 맞장구와 비슷한 것으로 변해 버린다. 자연스레 이미 정해진 표현을 써서 부랴부랴 끝낸다. 말을 고르는 데 신경을 쓸 여유 따위는 없다. 앞서 말한 '고'라고 치면 '고마워'로 변환해 주는 기능이 빠른 대응에 크게 기여할 것이다.

덤으로 트위터는 최대 문자 수가 140자다. 즉 이런 통신수단은 전부 '빠르고 짧게'를 원칙으로 삼고 있는 듯하다.

메일과 문자로 마음을 전할 수 있는가

나도 매일 메일과 문자에 신세를 지고 있으며, 지금은 그것이 없는 생활을 상상할 수 없다. 하지만 한편으로 메일과 문자가 마음을 전하기에 적합한 통신수단인가 생각해 보면, 반드시 그렇다고 단언할 수 없다.

물론 문자는 '용건을 마친다'라는 목적에는 최적일 것이다. "5분 뒤에 도착할 거야"라고 전에는(나는 지금도) 전화로 전했지만 이제는 문자로 보낸다. 그것으로 용건을 마칠 수 있다.

하지만 이런 짧은 문자로는 어떤 정리된 마음이나 자신이 무슨 생각을 하는지 상대방에게 전할 수 없다. 과연 140자로 마음을 전할 수 있을까. 단카는 불과 31자로 마음을 전하기도 하고 명언이라 불리는 문구는 대개 짧을뿐더러 촌철살인의 경구도 있으니 분명 불가능하지는 않을 것이다. 하지만 그것은 짧은 말이 되기 전에 이미 적합한 말을 찾기 위해 엄청나게 긴 시간을 거쳤다. 순간적으로 나온 것이 아니다.

특히 손으로 편지를 쓰던 무렵, 쓴다는 행위를 통해 내 안의 생각이 점점 정리되어 가는 것을 실감할 수 있었다. 이미 만들어진 누구나 사용하는 표현을 피해 내가 실감하는 것과 가장 잘 어울리는 표현을 찾으면서 편지를 쓰는 행위는 생각을 정리해 줌과 동시에 의도치 않았던 생각의 비약을 불러오기도 한다.

말로 하기 전에는 자신이 무언가 심오한 생각을 하는 것 같아도, 사실은 거의 아무 생각도 하지 않은 경우가 흔하다. 그런 경우 실제로 편지를 쓰기 시작하면 무엇을 쓰고 싶었는지조차 알지 못한 채 혼란에 빠지는 일도 많다. 즉 우리는 그 정도까지 일상에 관해 깊이 파고들어 생각하지 않는다.

말로는 할 수 없다

쓰치야 분메이라는 시인이 있었다. 아라라기파를 이끌었던 마지막 거인이다. 시를 막 시작한 사람이 일제히 입을 모아 하는 말이 "저는 생각하는 것을 아무리 해도 제대로 말로 표현할 수 없어요"다. 쓰치야는 이 말을 듣고 "그것은 생각을 제대로 시로 써내지 못하는 것이 아니다. 그저 아무 생각도 하지 않기에 시로 써낼 수 없는 것뿐이다"라고 설파했다. 얼마나 경쾌한 한마디인가.

우리는 자신이 생각하거나 느낀 바의 몇 분의 일도 표현하지 못한다고 여기기 쉽다. 사실은 보다 깊은 생각이 있지만 기술이 미숙한 탓에 그것을 시로 혹은 말로 정리하지 못하는 거라고. 하지만 그것은 착각인 경우가 많다. 우리는 막연히 심오한 생각을 한다고 여기지만, 실은 거의 아무 생각도 하지 않을 때가 많기 때문이다.

그것은 자신의 사고를 말로 바꿔 가시화하고자 할 때 단적으로 드러난다. 이럴 때 우리는 어떤 말이 실제로 자신이 생각하는 바에 가장 가까운지 숙고하면서 말을 고르게 된다. 비슷한 의미를 나타내는 말이더라도 그 뉘앙스까지 생각하기 시작하면 자신의 어휘 레퍼토리 안에서 해결할 수 없을 때도 많고, 그래서 달리 적당한 말이 없나 사전을 펼쳐 보기도 한다.

그렇게 말을 찾아가는 과정에서 자신이 생각하고 있었다고 여기던 것이 점점 형태를 바꿔 희박해지고 흐릿해지는 경험을 종종 했을 것이다. 막연히 '생각하고 있다'라고 여기던 것이 얼마나 애매한 것이었는지, 얼마나 얕은 것이었는지 깨달으려면 생각을 말로 바꾸는 과정을 거쳐야 한다. 그야말로 쓰치야 분메이의 말대로다.

기다림의 시간

앞서 답장을 기다리는 시간의 두근거림에 대해 말했다. 그런데 지금은 '기다리는' 시간에 대해 누구나 무관용이 되어 버렸다. 그렇게 말하는 나 자신도 마찬가지다.

수도권의 전철은 엄청나다. 거의 5분 간격도 두지 않고 다음 전철이 들어온다. 아침 출근 시간에는 모든 역에 전철이 한 대씩 서 있는 건 아닐까 싶을 정도다. 장거리를 달리는 고속열차마저 거의 10분 간격도 두지 않고 출발한다. 우리는 그런 짧은 대기 시간에 익숙해지고 말았다.

과거에는 버스 정류장에서 10분이나 15분씩 기다리는 것이 보통이었다. 하지만 요즘에는 다음 버스가 어디쯤 와 있는지 전광판으로 대부분 표시해 준다. 분명 고마운 일이지만, 기다리는 시간을 견디는 힘이 감퇴하는 증거라고도 할 수 있다.

무작정 기다린다는 스트레스에서 해방되었을 뿐 아니라 편리해지기도 했으니 불만을 말할 여지는 없지만, 우려가 되는 부분도 있다. 바로 정보를 얻는 속도에 관해서다. 최근 우리 주변에서 가장 크게 변화한 것을 꼽자면 인터넷 보급을 가장 먼저 들 수 있다. 인터넷 환경이 격변해 컴퓨터뿐만 아니라 스마트폰으로도 간단히 접속할 수 있고, 우리는 어디에 있든 인터넷에 연결되어 있다.

인터넷 보급에 따라 필요한 정보를 바로 손에 넣을 수 있게 됐다. 어떤 단어를 찾아보려고 두툼한 사전을 책장에서 꺼내 페이지를 뒤적이는 귀찮은 절차를 거칠

필요 없이 인터넷은 찾고자 하는 단어를 곧장 보여 준다. 어떤 사건을 조사하려고 도서관에 가서 관련 자료를 꺼내 보는 수고를 들이지 않아도 인터넷 정보로 기본적인 아웃라인을 파악할 수 있다.

정보나 지식을 얻는 데 필요한 시간과 수고는 인터넷 보급 전과 비교가 되지 않을 정도로 줄어들었다. 비싼 사전을 사거나 도서관에 조사하러 갈 필요가 없을 정도로 간편해졌다.

이것을 좋지 않다고 말할 자신은 없다. 하지만 그저 좋아지기만 했다고 단언할 수는 없다.

내가 두려움을 느끼는 것은 지식을 너무도 간단히 손에 넣을 수 있게 되었다는 점이다. 이런 상황은 지금까지 우리가 가지고 있던 지식에 대한 존경의 마음에 커다란 변화를 불러올 수 있다. 모로하시 데쓰지의 『대한화사전』*이나 신무라 이즈루의 『고지엔』**을 펼칠 때 우리는 그 행간에서 확실히 의식하지는 않더라도 열심히 노력해 이 책을 완성한 사람(혹은 사람들)의 존재를 희미하게 느낄 수 있다. 그것이 반드시 감사함으로 이어지지는 않더라도 그 은혜를 받고 있다는 의식은 어딘가에 있을 테다.

---

* 총 13권으로 이루어진 중일 사전.
** 『다이지린』과 더불어 오랜 기간 높은 평가를 받고 있는 일본어 사전.

하지만 어이없을 만큼 간단히 정보를 얻을 수 있는 인터넷에서는 그리고 누가 쓴 것인지 확실히 알 수 없는 설명문에서는 그와 같은 '지식에 대한 존경'의 마음이 거의 생기지 않는다. 지식을 아무렇지도 않게 손에 넣을 수 있는 환경에서는 지식 개척을 위해 자신의 인생을 걸어 보려는 젊은이가 생겨나기 어렵다.

　가장 큰 문제는 지식에 어떤 거리낌도 없이 곧장 접속할 수 있다는 점이다. 구글 같은 검색 엔진은 그야말로 훌륭하게 알고 싶은 정보로 우리를 직접 이끌어 준다. 시간 낭비 없이 효율적이기 그지없다.

　하지만 이렇게 지식에 가닿는다 해도 사실 아무런 재미도 없다. 과거에는 어땠는가. 지식을 얻으려면 관련된 책이 필요했다. 책방에 가서 어디에 있는지 좀처럼 알기 어려운 한 권의 책을 찾았다. 도서관에서도 마찬가지였다. 그러다 찾던 책은 아니지만 표지를 보고 무척 흥미가 돋아 자신도 모르게 사거나 빌렸다. 누구나 이런 경험을 해 보지 않았을까.

　이렇게 우연한 만남이라는 형태로 지식과 조우하는 일은 인터넷 환경에선 좀처럼 생기기 어렵다. 지금 구하는 정보를 향해 일직선으로 우리를 이끌어 주기 때문이다. 인터넷 서점에서 책을 검색하면 원하는 책이 곧장 나온다. 의식의 바깥쪽에 존재하며 평소에는 드러나지 않지만, 표지를 보다 문득 다른 흥미에 불이 붙는 식의 지식에 대한 접근 방식, 실은 독서나 조사 같은 행위의 즐거움은 이렇게 자신도 모르게 들어선 샛길과의 만남에 있을지 모른다.

'기다리는' 시간을 견디지 못하고 이루어지는 지식이나 정보에의 접근은 비록 효율적이긴 하지만 그 폭을 생각하면 극히 한정적이라 하지 않을 수 없다. 독서로 얻는 풍족함이란 그런 샛길에서만 찾아볼 수 있기 때문이다.

사고의 단편화

문자나 트위터는 '사고의 단편화'를 촉진할 위험이 있다.

누군가에게 문자가 오면 순식간에 답장을 보낸다. 얼마 되지 않아 다른 친구에게서 문자가 온다. 완전히 다른 내용이지만 거기에도 답장을 한다. 그렇게 틈을 두지 않고 많은 문자에 대응하는 습관은 우리에게서 한

가지에 관해 천천히 생각하는 습관을 빼앗을 위험성이 있다. 그것은 곧 '자기 자신을 향하는' 중요한 시간을 빼앗아 버리는 것이기도 하다.

'사고의 단편화'도 두렵지만 더 위험한 것이 있다. 바로 기존의 사고방식에 자신을 가둬 버릴지도 모른다는 점이다.

가능한 한 이미 만들어진 형용사를 쓰지 않고 자신의 느낌을 표현하는 것이 중요하다고 앞서 말했다. 자신이 느낀 바를 전하려면 만인의 공통 감각의 표상인 형용사에 기대서는 안 된다. 이건 기본 중의 기본이다.

형용사의 가장 현대적인 버전이 이모티콘일지도 모른다. 이모티콘뿐 아니라 스티커도 자주 사용된다. '슬프다'를 나타내는 것만도 수십 수백 종류다. 가끔 다른 사람이 보낸 문자에 이런 이모티콘이나 스티커가 포함되어 있으면 보기에 꽤 즐겁기는 하다.

문장의 포인트가 되기도 하며, 절로 미소가 나는 것도 효과 중 하나일 테다. 하지만 감정 표현이 이 같은 기성 이모티콘으로 전부 대체되는 것은 역시 위험한 일이 아닐까. 이모티콘이든 스티커든 많은 사람이 느끼는 어떤 감정의 최대공약수일 것이다. 형용사의 가장 일반

화된 형식이라고 해도 좋으리라.

이모티콘을 사용하는 것은 분명 효율적이다. 하지만 자신의 생각이나 감정을 어떻게 표현하면 좋을지에 대한 고민이 어떤 이모티콘을 사용하면 가장 가까울지에 대한 고민으로 바뀌어 버릴 우려가 있다. 이미 준비된 패턴에서 선택하고 끼워 맞추는 작업으로 전환되는 것이다.

이모티콘에 끼워 맞추는 형태로 자신의 감정을 정리해 버리는 것은 자신이라는 둘도 없는 존재에게 너무나도 무책임한 대응이 아닐까. 분명 '나'는 사전에 있는 어떤 단어와도 다른 '특수한 슬픔'을 지금 느끼고 있다. 그것을 찾아내 주지 않는다면 자신이 너무 가엽지 않은가. 이모티콘을 받아 보는 즐거움이라는 감정과 반대로 나는 그런 흔해 빠진 패턴에 끼워 맞춘 듯한 대응을 싫어한다.

짧은 말만으로 '용건을 마치는' 생활에 너무 익숙해지면 모든 것을 기본으로 되돌려 생각하는 습관이 부족해질 수밖에 없다. '용건을 마치는' 짧은 문자만으로 주변 친구, 나아가 연인과 이어져 있어도 정말로 괜찮을까 하는 쓸데없는 걱정만 자꾸 하게 된다.

4

계속해서 듣다

받아 주는 쪽의 각오

스스로 해결할 수 없는 문제는 누군가에게 상담을 청하고 싶어지는 법이다. 상담은 청하는 쪽에도 물론 용기가 필요하지만, 받아 주는 쪽에도 그 이상의 각오가 필요하다.

특히 상담을 청하는 상대가 자신의 아이나 자신이 가르치는 학생인 경우 혹은 직장 등에서 (싫어하는 단어지만) 부하인 경우 그것을 제대로 받아 주기란 쉽지 않다.

상담을 청한다는 것은 자신이 답을 건네 줄 사람으로 선택받았다는 말이다. 그런 기대를 받고 있기에 상대의 고민에 맞는 적확한 답을 줘야 한다고 긴장하게 된다. 부모의 체면이나 교사의 긍지 같은 성가신 것이 얼굴을 내밀며 때로는 고매한, 그러면서도 내용이 텅 빈 조언을 건네게 되기도 한다.

적확한 답을 상대방에게 제시해야 한다는 마음에 조급해지면 상대방의 고민을 찬찬히 듣기도 전에 곧장 자기 생각을 말해 버리기도 한다. 고민에 숨겨진 것은 없는지 파악하기 전에 내린 결론은 자기 안에 이미 존재하는 사고의 틀에 밀어 넣은 것일 뿐이다. 상대방의 고민에 개별적으로 대응한 것이라고 할 수 없다. 그런 말은 대개 상담을 청한 상대에게 전해지지 않는다.

각본가 히라타 오리자의 『서로를 알지 못하는 것에서부터』라는 책이 있다. 이 책에는 언제나 자극을 받지만, 그야말로 인상 깊은 에피소드가 있다. 한 호스피스에서 반년밖에 살지 못한다고 선고받은 남편을 간호하던 아내의 이야기다.

아내는 24시간 내내 곁에서 남편을 간호했다. 그런데 환자에게 해열제를 처방해도 좀처럼 듣지 않았다. 아내가 간호사에게 왜 약이 듣지 않느냐고 물었다. 아내는 간호사의 설명을 듣고 일단 이해한 듯 보였지만 다음 날에도 다시 똑같은 질문을 던졌다. 그것이 매일 반복되자 간호사실에서도 '거의 블랙컨슈머 아니야?'라며 문제가 되기 시작했다. 이때 한 베테랑 의사가 찾아왔다.

아내는 같은 식으로 의사에게도 덤벼들었다. 그런데 의사는 설명은 한마디도 하지 않고 "많이 힘드시죠"라고 답했을 뿐이다.

그 한마디에 아내는 단번에 울면서 무너졌다. 그리고 다음 날부터는 두 번 다시 그 질문을 입에 담지 않았다.

의사의 "많이 힘드시죠"라는 한마디. 이 한마디는 아내의 질문에 대한 답은 아니지만, 애초에 아내는 답 따위 기대하지 않았다. 아내 자신이 남편의 암을 해결할 방법이 없다는 사실을 누구보다 잘 알았다. 하지만 '왜 남편만 이런 일을 당하나' 하는 부조리함을 누군가에게 호소하고 싶었다. 그것이 집요한 질문으로 표출되었던 것이다.

이 심정에 대한 배려 없이 제아무리 아내의 질문에 적절히 답한다 해도 아내의 마음에는 가닿을 수 없다. 질문의 내용이 아니라 그 질문을 집요하게 반복하는 이

유에 질문의 의미가 있었던 것이다. '질문을 받았으니 무언가 답하지 않으면 안 된다'라는 자신을 향한 시선만 있어서는 의사와 같은 대응을 할 수 없으리라.

아내가 바라던 것

이 이야기는 히라타의 책에서도 읽었지만, 우리 대학에서 열린 대담 때 히라타 씨에게서 직접 또 듣게 됐다. 그 대담 때 사실 나는 울어 버리고 말았다. 내게도 마음이 가는 통절한 기억이 있었기 때문이다.

아내가 유방암 수술을 받은 후 정신적으로 꽤 불안정해져 행동이 거칠어진 시기가 있었다. 암 선고와 암 수술 때문에 큰 충격을 받은 것이었다. 그것을 잘 알고 있던 나는 아내와 같은 시선으로 슬퍼만 해서는 안 된다는 의식이 강했다. 아내는 어떤 의미에서는 내 판단을 절대적으로 믿는 경향이 있었다. 그랬기에 내가 병의 상태를 심각하게 받아들이면 섬세한 아내의 정신이 분명 견뎌 낼 수 없으리라 판단했다. 내가 동요하면 아내가 더욱 불안에 빠질 게 틀림없다고 믿었다.

태연히 행동하는 수밖에 없는데 그 태연함을 그 사람
은 슬퍼하네

당신과 같은 처지에서 한탄하는 것만큼은 하지 않고
자 노력했는데 그것을 슬퍼하는가

당신보다도 내 불안이 깊은 것을 말하지도 못한 채 2
년을 넘기지 못했네
— 나가타 가즈히로, 『이후의 나날』

그 무렵 내가 쓴 시다. 유방암의 최신 치료법을 찾
아 문헌도 읽고 의사의 이야기도 들으러 다녔다. 아내
에게도 그런 이야기를 전하며 걱정할 것 없다고 억지로
태연함을 가장했다. 나 자신의 일상생활도 전혀 바꾸지
않았고, 아내와 함께 있는 시간을 늘리지도 않았다. 어
떻게든 버텨 내려 애썼다. 병에 지지 않겠다는 생각에
억지로라도 아내가 암에 걸리기 전과 다름없는 평범한
일상생활을 계속하려 했다. 필요 이상으로 아내를 내치
고 있었는지도 모른다.

이런 아내의 시가 있다.

지금이라면 우선 당장 말을 걸어 주길, 남편이라면 감
싸 주길 바랐다, 의학서를 닫고

문헌에서 암세포를 계속 읽으며 내 암에는 손대지 않
네, 당신은
— 가와노 유코, 『정원』

이 시를 읽었을 때는 괴로웠다. 아내가 바라던 것
은 의학적 지식이나 앞으로의 전망, 격려가 아니었다.
그저 자신과 함께 슬퍼해 줄 존재였다. '왜 나만 이런 일
을'이라는 분함을 함께하고, 남은 시간의 덧없음을 슬
퍼하며 말없이 안아 줄 존재를 바란 것이다.

나는 어떻게든 아내를 지지해야겠다며 억지로 태
연함을 가장하고 지식과 논리로 이해시키려 했다. 아내
가 정서적으로 불안정해져 나를 탓한 것은 그 같은 내
대응에 부정의 시그널을 보낸 것이었다. 그것을 진정
으로 알게 된 것은 너무도 분하지만 아내가 세상을 뜬
후였다. 이 이야기는 이 정도로 마치지만, 병자의 마음
에 다가가는 것이 얼마나 어려운지에 관한 나의 경험은

『노래에 나는 울겠지』에 적었으니, 관심이 있는 사람은 읽어 주면 좋겠다.

가장 뛰어난 카운슬링

애초에 무언가로 고민하는 사람은 다른 사람의 의견을 듣고 싶다고 생각하면서도 그 의견을 쉽게 받아들이려 하지 않는 경우가 많다. 마음을 닫고, 그렇게 닫아 버렸기에 해결법을 찾지 못하는 폐색 상태에 빠지는 것이다. 그럴 때 닫힌 마음의 틈 혹은 약간의 균열을 통해 말을 불어넣기 위해서는 가만히 참고 이야기를 듣는 시간이 필요하다.

생각나는 것은 전부 이야기해서 더는 말할 내용이 떠오르지 않게 되었을 때, 사람은 처음으로 다른 사람의 말을 받아들일 공간을 갖게 된다. 괴로운 생각만으로 가득 찬 마음에는 다른 사람의 말이나 조언을 받아들일 공간이 없다. 자신을 끝까지 토해 내 일단 텅 비운 뒤가 아니면 다른 사람의 말이 들어설 여지가 없다.

10여 년 전 일이지만, 교토에서 일본분자생물학회의 연례행사가 열린 적이 있다. 이분야異分野 교류 세미

나를 담당했던 나는 몇 개의 세션에 다른 분야의 선생을 초빙했다. 심리학자 가와이 하야오도 그중 한 명이었다. 분자생물학과 임상심리학이라는 조합 자체도 흥미로웠지만, 이야기 또한 무척이나 재미있어서 그의 강의는 많은 호평을 받았다.

가와이 하야오는 마치 자는 것처럼 상대방의 이야기를 가만히 듣는 것을 가장 뛰어난 카운슬링 방법이라고 소개했다. 일대일로 마주한 채 상대의 이야기에 귀를 기울인다. 자신은 한마디도 꺼내지 않는다. 눈을 감고 계속 듣는다. 말하는 상대가 '이 아저씨, 정말로 내 이야기를 듣고 있나'라고 의심하기 시작할 즈음을 가늠해 "흐음" 하며 동의도 반대도 아닌 맞장구를 친다. 그런 식으로 상대가 더는 이야기할 내용이 없다고 느낄 때까지 계속해서 듣는다.

상담을 받아 준다는 것은 그것만으로 충분한 것 같다. 상대에게 적절한 조언을 건네려다 보면 자신 안에 이미 만들어진 말밖에 하지 못할 때가 많고, 결국 상대에게 전해지지 않는 이야기가 되고 만다.

상담사는 대개 '들어 주기만 하면 된다'. 이미 답을 알면서도 상담을 청하는 사람이 많기 때문이다. 알고는 있지만 그쪽으로 발을 내디딜 수 없기에 누군가가 조금이라도 등을 밀어 주길 바라며 상담을 청한다. 혹은 자신이 자기 마음을 정리할 계기를 만들기 위해 누군가가 이야기를 들어 주기를 바란다.

들어 주는 존재

인생의 동반자가 세상을 뜨고 나서 나를 가장 괴롭힌 것은 내 이야기를 들어 주는 존재를 잃었다는 사실일지 모른다. 우리 부부는 이야기를 자주 나눴다. 그리고 지금 와서 깨달은 건데, 우리는 아무래도 서로가 양성 피드백을 주고받는 사이였던 것 같다.

상대의 이야기를 부정하거나 반대하는 듯한 반응을 보이지 않고 긍정적으로 받아들인다. 그 첫걸음은 상대의 이야기에 흥미를 갖는 것이다. "그 생각 재미있다"라는 벡터vector로 우선 자신을 그 이야기 속에 집어넣는다. 만약 상대의 이야기에 긍정적 반응을 되돌려 줄 수 있다면 그 이상 고마운 대화 상대는 없을 것이다.

물론 객관적이고 냉정하게 판단해 적확한 '고' 또는 '스톱' 시그널을 주는 것은 중요하다. 하지만 우리가 평소에 이야기를 들어 주길 바라는 건 대개 다른 사람과 이야기하는 과정에서 아직 정리되지 않은 생각의 윤곽을 어떻게든 확실히 하고 싶어서다. 즉 아직 '생각'으로서 제대로 형태를 갖추지 못한 상태에서 말을 던지는 경우가 아주 많다.

누군가를 상대로 일단 이야기함으로써 생각을 정리하려는 대화 혹은 이야기를 하면서 아직 발견하지 못한 해결책을 어떻게든 모색해 보려는 대화. 이처럼 의식하든 안 하든 자기 생각을 발전시키는 데 필요한 대화가 있다.

그럴 때 대화 상대에게 바라는 것은 단적으로 말해 '맞장구'가 아닐까. '맞장구'란 일단 상대방의 의견을 받아들인다는 표시다. "그렇군요"도 좋고, "그것참 재미있네요"라며 이야기를 재촉하는 것도 좋다. "대단하네요"라고 맞장구를 쳐 주면 기뻐서 점점 더 자기 생각을 열어젖힌다. 보폭도 점점 더 커진다.

그런 긍정적인 '맞장구'로 자신의 생각이 점점 깊어지거나 드높아지는 것을 실감했을 때, "내가 참 좋은 생각을 하고 있구나"라며 자신의 능력을 덮고 있던 덮개가 열린다. 자신이 전적으로 받아들여진다고 느낄 때

인간은 한 발 더 앞의 자신에게 가닿을 수 있다. 자신이라는 존재가 세상을 향해 열리는 체험을 할 수 있다.

"그건 무리야"가 잘라 내는 것

반대로 상대방이 자기 생각을 말하기 시작하면 일단 부정하면서 대화를 시작하는 사람도 많다. 부정적이거나 소극적인 반응밖에 할 수 없는 사람이다.

보통 자신의 의견을 말한다고 해도 스스로 생각해 낸 이론을 당당히 펼치지 못하는 경우가 훨씬 많다. 조심스레 의견을 말한 후 상대의 반응을 보면서 궤도를 수정하는 것이 일상적인 장면이다. 그럴 때 처음부터 "그건 의미가 없잖아"라거나 "그런 것은 누구든 생각할 수 있어"라거나 "그건 무리야" 나아가 "바보 같아" 등의 반응이 돌아오면, 그야말로 자기 생각에 구체적인 형태를 부여하려던 의욕이 완전히 꺾이고 만다.

그렇게 항상 부정적인 반응밖에 보이지 않는 상대와는 사귀지 않는 편이 좋다. 서로에게 해가 될 뿐이다. 부정적이고 소극적인 대화 상대는 자신을 작게 만들 뿐 가능성을 열어 주지 않는다.

우선 받아들이는 것부터 시작해야 한다. 상담을 받아 주는 경우뿐 아니라 가족이나 친구와 일상생활을 보내는 과정에서도 따로 의식하지 않고 그럴 수 있도록 노력해야 한다.

이것은 특히 자신의 아이를 상대할 때 유념해야 할 문제다. 부모가 자식을 대할 때, 아이가 무슨 말을 하면 곧장 부정하거나 무시하는 부모가 많다. "그런 바보 같은 공상만 하지 말고 얼른 공부나 해"처럼 말이다. 가슴이 뜨끔한 부모도 적지 않으리라.

그런 반응이 아이의 가능성을 무심코 없애 버린다는 사실을 대부분 깨닫지 못한다. 아이가 하는 말의 시비를 판단해 올바른 방향성을 제시하고자 하는 부모가 단연 많다. 하지만 적절한 판단을 내리는 것과 아이가 자신의 재능이나 가능성에 눈을 뜨는 것의 중요성을 비교해 보면, 어느 쪽이 아이의 미래에 더욱 중요한지 굳이 말할 필요도 없으리라.

아이가 대담한 아이디어나 깨달음을 말했는데 부모가 부정적인 반응을 보이는 경우, 대부분이 그건 무리라고 판단했기 때문이다. 분명 실패할 것이다, 좌절을 맛보게 될지 모르고 무엇보다 그런 바보 같은 일에 시간을 쏟는 것은 시간 낭비에 불과하다고 판단한다.

하지만 앞에서도 말한 것처럼 아이나 젊은이는 실패 경험 자체가 필요하다. 좌절도 경험해 봐야 한다. 무엇보다 위험한 것은 시작도 하기 전에 불필요하다는 말을 듣고 하고자 하는 마음을 잃어버리는 것이다. 해 보지도 않고 포기하기보다 해 보고 실패를 경험하는 편이 훨씬 유의미할 것이다.

실제로 시도하는 데까지는 이어지지 않더라도 아이가 생각한 것을 사고思考 실험으로 유도하는 것도 중요하다. 어떤 생각을 내놓았을 때 "그래서 그다음에는 어떻게 할 거니?"라고 이야기를 다음으로 진행시킨다. 하나의 생각에서 다음의 아이디어, 순서, 경로 등등 다양한 가능성에 대해 아이 스스로 생각을 뻗어 가게끔 등을 밀어 주는 것이다. 이것만으로도 스스로 생각할 수 있다는 자신감을 얻을 수 있으며, 나아가 부모에게 칭찬받음으로써 얻는 자신감이야말로 성공 경험과 비슷한 효과를 가져온다.

부모는 아이를 잘 치켜세워야 한다. 일상의 사소한 칭찬이 쌓이면 아이의 가능성이 활짝 열린다.

의견을 말하지 않고 가만히 상대의 이야기에 귀를

기울여 보자. 곧장 뭔가 말하고 싶어질 수 있지만, 참고 견디며 상담을 청한 상대보다 높은 곳에 서서 말하려 하지 않아야 한다. 다만 그것은 생각 이상으로 어려운 일이다.

특히 상담을 청한 상대가 자신보다 어리거나 조직에서 지위가 낮은 사람이면, 자칫 그의 말에 가만히 귀를 기울이기보다 '그럴싸한' 말로 이치를 맞추려 들기 십상이다. 그뿐 아니라 같은 눈높이에서 생각하기보다 무의식중에 자신의 위치에 걸맞은 대응을 하게 된다.

상담을 요청받은 내용에 대해서는 좀처럼 "나는 잘 모르겠다"라는 말이 나오지 않는 법이다. 상대방은 뭐가 됐든 내 한마디를 기다릴 것이라는 생각에 이도 저도 아닌 '그럴듯하고 그럴싸한 말'을 원용해 그 자리를 정리해 버리려 한다. 이것은 나 자신을 돌이켜 봐도 마찬가지다.

어려운 일이지만 우선 상대의 말에 다가서 아무런 선입견 없이 가능성의 최대치를 생각해야 한다. 의식적으로 그렇게 사고하는 것이야말로 젊은 세대의 가능성을 최대한 늘리고 열어 주는 계기가 된다.

5

'빛나는 자신'을
만나기 위해

특별한 '타자'

앞에서 "'타자'를 알게 됨으로써 처음으로 '자기'라는 존재에 대한 의식이 싹튼다'고 했다. '나'라는 존재는 타자의 시선 속에서 혹은 타자의 시선을 의식했을 때 처음으로 보인다. 타자의 시선 속에 자신을 놓는다는 것은 자기의 상대화와 다름없다.

하지만 그렇게 타자의 시선을 의식하는 경우, 시선을 보내는 '타자'는 불특정 다수로서의 타자가 아니라 분명 자신에게 특별한 존재다. '타자'에서 '상대'라는 존재로 변하는 순간이다. 불특정 다수로서의 '타자'가 아니라 확실히 자신과 대치하는 대상으로서의 '타자'를 의식할 때, 그와 마주한 존재로서 자신을 강하게 의식하게 된다.

상대의 시선을 받아들이고 그 시선 속에서 자신의 위치를 정하려면 애초에 상대에게 관심이 있어야 한다. 상대가 '신경 쓰이는' 존재여야 한다는 말이다. 그런 형태로 우리는 '타자'를 자기 안에 받아들인다.

그러면서 어떤 특정한 '상대' 앞에 섰을 때 자신이 가장 빛난다고 느낀다면, 상대를 '사랑한다'라는 뜻이리라. 그 상대를 위해 빛나고 싶다고 생각하는 것이 바로 사랑이다.

그런 이기적인 생각이 어디 있나 생각할지 모르겠다. 사랑이란 상대를 더욱 생각하고 깊이 이해하는 것이며, 둘도 없는 존재로서 소중히 여기는 것이 아니냐고 반론하는 사람도 있을 것이다. 사전적 의미로 봐도 애정이란 그런 것이고, 극단적으로 논하면 자신을 버려서라도 상대에게 최선을 다하는 이타적인 것이다. 자신이 빛나는 모습을 발견하기 위해 상대를 사랑한다는 것은 본말전도라는 의견도 틀린 건 아니다.

하지만 그런 식으로 상대방을 깊이 이해하고 자신보다 소중히 여기는 것은 그때까지 없던 새로운 경험이

틀림없다. '아, 내가 이렇게도 상대를 깊이 생각할 수 있구나'라는 기쁨을 느꼈을 때, 그렇게 생각하는 '나'는 빛나고 있다. 빛나는 자신을 확실히 느낄 수 있다.

상대 앞에서 무장하지 않아도 된다고 느낄 때, 있는 그대로의 자신을 드러낼 수 있다고 느낄 때에만 자신이 빛난다고 느낄 수 있다. 어떤 식으로 보이고 싶다거나 이렇게 봐 주었으면 좋겠다는 태도를 버리고 있는 그대로의 자신으로 있을 수 있는 것, 무장하지 않고도 자신의 가장 좋은 면을 드러낼 수 있는 것, 그 사람 앞에서 이야기하면 자신의 가능성이 점점 더 열리는 기분이 드는 것, 자신에게 이렇게 재미있는 면이 있었나 발견하는 것, 그 전부가 애정이 뒷받침해 주기에 실현할 수 있는 자기 발견이다.

반려자가 될 만한 존재

누구나 가능하면 자신의 가능성을 열어 주는 존재와 마주하고 싶을 것이다. 자신이 가장 훌륭한 존재라고 느끼게 해 주는 사람이 바로 사랑하는 상대라면 얼마나 좋을까.

함께 있고 싶다는 마음은 단순히 상대가 아름답거나 의지할 수 있는 강인함이 있어서 드는 것이 아니다. 애정의 첫걸음은 함께 있는 것이 즐겁다거나 함께하는 자체가 소중한 시간으로 여겨진다는 단순한 감정일 것이다. 그것은 그것대로 좋지만, 나아가 함께 있음으로써 자신의 좋은 면이 점점 드러난다고 느껴지는 상대야말로 진정한 의미에서 반려자가 될 만한 존재가 아닐까.

함께 있으면 어떻게 해도 그 사람의 결점만 보이는 경우도 분명 있을 것이다. 혹은 상대의 결점이 아니라 자신의 싫은 부분, 싫은 측면이 보이고 마는 상대도 있다. 그런 존재와는 함께하지 않는 편이 좋다. 함께 있으면 상대의 좋은 면을 깨달을 수 있고, 그런 좋은 면을 깨닫는 자신이 기특하게 느껴지는 상대. 그 사람과 이야기하면 점점 자신이 열리는 기분이 드는 상대. 서로를 그런 존재로 느낄 수 있는 관계야말로 분명 반려자에 어울리는 관계일 것이다.

어떤 대학에 입학하더라도, 어떤 상을 받더라도, 어떤 대회에서 우승하더라도, 어떤 훌륭한 성공을 거두더라도 진정으로 기뻐해 줄 사람이 없다면 아무런 의미도 없다. 반대로 아주 사소한 자신의 행위를 진심으로 칭찬해 주는 존재가 있을 때, 자신이 그때까지의 자신과 다른 반짝임에 둘러싸여 있다고 느낄 수 있다.

나는 이 글을 젊은이를 독자로 염두에 두고 썼다. 젊은이들이 꼭 그런 사람을 만나 이전에는 자각하지 못했던 '빛나는 자신'을 만나길 바란다. 진정으로 사랑할 수 있는 사람을 얻는 것은 바로 자신의 가장 좋은 부분을 발견하는 것과 다름없다.

실연이든 사별이든 사랑하는 사람을 잃었을 때 통절한 아픔을 느끼는 것은 사랑하는 대상을 잃었기 때문만은 아니다. 그 상대 앞에서 빛나던 자신을 잃었기 때문이기도 하다. 나는 2010년에 40년간 함께한 아내를 잃었다. 그녀 앞에서 내가 얼마나 자연스럽고 천진난만하게 빛났는지 지금에 와서야 통절하게 느낀다.

나오는 말
내일의 당신에게

이 책을 여기까지 읽은 독자에게 이제 와서 이 책의 의도나 내용을 구구절절 반복해 설명할 필요는 없을 것이다. 다만 이 글이 어떤 경위로 세상에 나오게 되었는지 간단하게 설명해 두고 싶다.

2014년 4월부터 반년간 교토신문에서 '한 발 앞의 당신에게'라는 제목으로 주 1회 연재를 했다. 내용은 자유이지만, 젊은이를 대상으로 한 메시지가 될 수 있으면 좋겠다는 제안이었다.

나는 교토대학에 재직할 때 줄곧 연구소에 적을 둔 연구자였고, 교육 전문가라고는 할 수 없었다. 하지만 실제로 강의라는 형태로 혹은 대학원생 지도라는 형태로 교육 현장에 매일같이 서 왔다. 어린 학생들이 지향하는 바나 그들의 사고방식, 세상사를 바라보는 방식을 접할 기회가 많았다. 특히 지금 몸담고 있는 교토산업대학으로 옮기고 나서는 신입생을 대상으로 강의할 기회도 늘었다. 덕분에 새삼 지금 시대를 사는 학생의 특징이라 부를 만한 것을 강하게 느끼게 됐다.

그렇게 현장에서 몇 번이고 맞부딪힌 젊은이들의 사고방식과 생활방식, 그들이 받아 온 교육, 대학이라는 장에서 현재진행형으로 이루어지는 교육 등에 관해 많은 생각을 했다. 그중 가장 안타까웠던 것은 각자가 더욱 자신의 가능성을 믿고 그것을 펼쳐 나가지 못한다는 점이었다. 어째서 그렇게 타인의 시선이나 평가로 자신의 가능성을 한정해 버릴까. 어째서 실패를 두려워하며 안전한 방향으로만 가려 할까. 거기에는 교육하는 쪽의 책임도 크다.

그런 안타까운 마음에서 젊은이들과 매일 접하며 느낀 점, 그들에게 말하고 싶은 바를 솔직하게 적어 보자고 한 것이 바로 이 연재였다. 그것을 바탕으로 이 책이 만들어졌지만, 실제로는 연재할 때 지면 제약으로 쓰지 못했던 내용을 더하거나 새로운 항목을 추가해서 본래보다 세 배 정도의 양이 되었다. 거의 새로 쓴 느낌마저 든다.

이 책은 결코 인생의 지도서가 아니다. 또한 인생에 대한 교훈이나 삶의 방식에 대한 철학도 아니다. 나는 전에 『시 쓰기에 관한 힌트』라는 책을 낸 적이 있는데, 이 책에 쓴 내용도 역시 일종의 삶의 방식에 대한 힌트가 되어 줄 것이다.

젊은이들이 한 번뿐인 인생을 최대한 자유롭게 살아가기를 바란다. 나아가 젊은 시절에 삶의 방식이나 '지식'에 관해 생각해 보지 않았던 (이미 젊지 않은) 사람들 또한 다시 한번 앞으로의 삶의 방식에 관해 생각할 기회를 얻기 바란다. 자신의 현재에 조금 시선을 돌려 보길 바란다. 그럴 때 어떻게 생각하면 좋을지에 관한 힌트로 이 책을 읽어 준다면 더할 나위 없겠다.

일관된 논지를 관철한다기보다 현장의 다양한 장면에 대한 감상이나 나 나름의 바람을 담았다. 자신에게 적용할 수 있는 것이 있다면 그것을 단서로 생각을 뻗어 나갔으면 한다.

이 책에서도 반복한 것처럼 지금까지 막대한 지식을 얻었겠지만, 그것을 실제 현장에서 살릴 수 없다면 교육이란 아무런 의미도 없다. 그런 '지의 체력'에 관해 생각해 보는 계기가 된다면 기쁠 것이다. 교토신문에 연재할 기회를 준 오니시 유지 씨, 이 책을 처음부터 다시 쓰는 데 조언을 준 신초사의 가도 아야코 씨에게도 깊은 감사의 말을 전한다.

단단한 지식
: 새로운 공부의 세계로 나아가는 사람을 위한 지의 체력 단련법

2021년 1월 4일   초판 1쇄 발행

지은이   **옮긴이**
나가타 가즈히로   구수영

펴낸이   **펴낸곳**   **등록**
조성웅   도서출판 유유   제406-2010-000032호 (2010년 4월 2일)

              주소
              경기도 파주시 책향기로 337, 301-704 (우편번호 10884)

전화   **팩스**   **홈페이지**   **전자우편**
031-957-6869   0303-3444-4645   uupress.co.kr   uupress@gmail.com

              페이스북   **트위터**   **인스타그램**
              facebook.com   twitter.com   instagram.com
              /uupress   /uu_press   /uupress

편집   **디자인**   **마케팅**
류현영, 사공영   이기준   송세영

제작   **인쇄**   **제책**   **물류**
제이오   (주)민언프린텍   (주)정문바인텍   책과일터

ISBN 979-11-89683-78-8 03370

이 도서의 국립중앙도서관 출판예정도서목록(CIP)은 서지정보유통지원시스템
홈페이지(seoji.nl.go.kr)와 국가자료공동목록시스템(nl.go.kr/kolisnet)에서
이용하실 수 있습니다.(CIP제어번호: CIP2020051210)

단단한 독서

　내 삶의 기초를 다지는 근본적 읽기의 기술

에밀 파게 지음, 최성웅 옮김

프랑스인이 100년간 읽어 온
독서법의 고전. 젊은 번역가가
새롭게 번역한 이 책을 통해 이제
한국 독자도 온전한 번역본으로
파게의 글을 읽을 수 있다. 프랑스는
물론이고 유럽 각국의 교양인이
지금까지도 에밀 파게의 책을 읽는
이유는 이 책에 아무리 오랜 세월이
흘러도 변치 않는 근본적인 독서의
기술이 알뜰살뜰 담겨 있기 때문이다.
파게가 말하는 독서법의 요체는
'느리게 읽기'와 '거듭 읽기'다.
파게에게 느리게 읽기는 제일의 독서
원리이며, 모든 독서에 보편적으로
적용된다.

단단한 과학 공부

　내 삶의 기초를 다지는 자연과학 교양

류중랑 지음, 김택규 옮김

박학다식한 노학자가 과학의 다양한
분야를 이해하기 쉽게 설명한
안내서. 작게는 우리 몸 세포의
움직임이 우리의 마음에 어떻게
반응하는지부터 크게는 저 우주의
은하와 별의 거리까지, 우리를
둘러싼 세상을 과학의 눈으로
바라보게 한다. 곳곳에 스며든
인간적 시선과 통찰, 유머가 읽는
즐거움을 더한다.

단단한 시리즈

단단한 공부

　내 삶의 기초를 다지는 인문학 공부법

윌리엄 암스트롱 지음, 윤지산 윤태준 옮김

듣는 법, 도구를 사용하는
법, 어휘를 늘리는 법, 생각을
정리하는 법 등 효율적인 공부법을
실속 있게 정리한 작지만 단단한
책. 원서의 제목 'Study is Hard
Work'에서도 짐작되듯 편하게
익히는 공부법이 아니라 고되게
노력하여 배우는 알짜배기
공부법이므로, 이 책을 따라
익히면 공부의 기본기를 제대로
닦을 수 있다.

단단한 사회 공부

내 삶의 기초를 다지는 사회과학 교양

류중랑 지음, 문현선 옮김

우리가 상식으로 알고 있는 사회 현상을 근본부터 다시 짚어 보게 하는 책. 일상생활에서 자주 접하는 일화들을 알기 쉽게 설명해 과거와 현재 그리고 미래에 일어났고 일어나고 있고 일어날 일을 스스로 생각하고 판단하게 한다. 역사의 흐름을 한 축으로, 이성을 기반으로 하는 과학 정신을 다른 한 축으로 하는 이 책은 사회를 보는 안목을 높인다.

단단한 삶

나답게, 자립하고 성장하는 사람이 되기 위하여

야스토미 아유무 지음, 박동섭 옮김

'나' 전문가 야스토미 아유무 교수의 자립과 성장 안내서. 이 책은 저자가 직접 경험하며 찾아낸 명제 '자립은 의존하는 것이다'에 이른 과정을 통해 스스로 잘 살기 위한 방법을 모색한다. 어째서 원하는 삶을 살 수 없는지, 어떻게 하면 스스로 원하는 삶을 살 수 있을지, 무엇이 진실로 자신이 원하는 삶인지 자립, 친구, 사랑, 화폐, 자유, 꿈, 자기혐오 그리고 성장이라는 여덟 가지 주제를 놓고 깊고 진지하게 궁리한다. 삶의 방향과 자기 자신에 대해 고민하는 모든 이를 위한 지도 같은 책이다.

단단한 영어 공부

내 삶을 위한 외국어 학습의 기본

김성우 지음

우리에게 친숙하지만 어려운 말 영어. 한국 사회에서 영어는 입시, 취직, 승진을 위한 수단으로 경쟁의 장 한복판에 놓여 있다. 응용언어학자인 저자는 우리가 오랫동안 잘못 알고 있던 외국어 공부법, 영어에 대한 뿌리 깊은 오해, 원어민 중심주의, 언어를 경험하기보다는 습득 도구로 여기게 만드는 공부 환경 등을 하나하나 되짚으면서 우리가 영어를 하나의 언어로, 사회문화적 맥락에서 바라보도록 권한다. 영어가 하나의 언어이자 소통을 위한 언어라는 사실을 일깨워 주면서 새로운 관점으로 영어공부를 하도록 이끄는 책이다.